Sócrates

El trigal y los cuervos

Sócrates

El trigal y los cuervos

Sara Strassberg-Dayán

LibrosEnRed

www.librosenred.com

Dirección General: Marcelo Perazolo
Diseño de cubierta: Daniela Ferrán
Diagramación de interiores:Julieta Lara Mariatti

Para encargar más copias de este libro o conocer otros libros de esta colección visite www.librosenred.com

Prólogo

Se publican aquí, reunidas en esta primera edición digital y tercera impresa, dos obras de teatro que escribí y publiqué por separado, en Buenos Aires, hace muchos años, antes de radicarme en Israel.

«**Sócrates**», drama en tres actos, escrito en los años 1966-1967, recibió una Mención Especial en el Concurso organizado por el Teatro Municipal Gral. José de San Martín de Buenos Aires en 1967. Se estrenó el 6 de octubre de 1968 en Radio Nacional, en el ciclo "Las dos carátulas", bajo la dirección de María del Pilar Lebrón. Fue publicado por la Editorial Ismael B. Colombo en 1971. Recibió la Faja de Honor de la SADE (Sociedad Argentina de Escritores) y el Premio "Manuel José de Lavardén" de la Asociación Gente de Letras de la Argentina para el año 1971.

La obra fue traducida al hebreo por Tal Nitzan en 1990. En el año 2001 escribí una adaptación hebrea libre de esta obra bajo la supervisión del Dr. Gad Keynar. Esta versión fue leída en el Festival de Teatro realizado en Beit Tami, el 13.7.2001, bajo la dirección de Revital Eitan. En el año 2005 incluí esta adaptación dentro de mi libro en hebreo "Misham Va-Hala" ("De allá y en adelante: Selección de obras de teatro"), publicado por la Editorial Iton 77 de Tel Aviv.

"**El trigal y los cuervos**", drama en tres actos, escrito en 1972, fue publicado en 1973 por Ediciones Kargieman de Buenos Aires. Se estrenó el 2 de agosto de 1973 en Radio

Nacional, en el ciclo "Las dos carátulas", bajo la dirección de Eugenia de Oro. La obra recibió el Primer Premio de la Municipalidad de Buenos Aires (en la categoría Teatro) para el año 1973.

Esta obra fue trasmitida el 10 de diciembre de 1973 en el ciclo "Teatro Argentino" del Canal 7 de Televisión de Buenos Aires, bajo la dirección de Carlos Muñoz, con la actuación de Víctor Hugo Vieyra, Alberto Argibay y Perla Santalla en los roles principales; y se volvió a trasmitir el 10 de octubre de 1974 por el Canal 9 de Buenos Aires. Mi traducción hebrea de "El trigal y los cuervos" está incluída también en el volumen "Misham Va-Hala" al que me referí antes y se publicó en 2005.

En el año 2006 publiqué una segunda edición conjunta de estas dos obras, "Sócrates" y "El trigal y los cuervos", en la Editorial Dorgraf de Tel Aviv. A las dos obras agregué –y también lo hago ahora- un apéndice que incluye las críticas publicadas sobre estas piezas que obran en mi poder y también fragmentos de cartas personales de escritores y artistas plásticos referidos a estas obras cuya publicación y/o estreno me depararon una experiencia de diálogo –oral y escrito- fecundo y enriquecedor con creadores insignes como, en primer lugar, el Dr. Bernardo Canal Feijóo, poeta, dramaturgo y ensayista, que fue presidente de la Academia Argentina de Letras hasta su fallecimiento en 1982, César Tiempo, Bernardo Verbitzky, Rodolfo Mondolfo, Raúl Castagnino, Alfredo de la Guardia, Syria Poletti, Alfredo Cahn, Antonio Buero Vallejo (España), Enrique Labrador Ruiz (Cuba), Federico Peltzer, entre otros, y pintores como Horacio Butler, Rodrigo Bonome y Raúl Schurjin.

Esta experiencia de comunicación espiritual que tuve el privilegio de vivir en un momento clave de mi evolución como escritora en la Argentina –experiencia cuyo recuerdo todavía me emociona- testimonia, a mi entender, una época singular y valiosa del quehacer cultural argentino en la primera mitad de la década de los años 70 del siglo pasado, pues muestra la existencia de un diálogo auténtico entre creadores capaces de comprender y valorar concepciones afines y también diferentes a las propias a través de una posición tolerante y verdaderamente democrática. Se trató entonces, me parece, de un momento luminoso de la vida cultural argentina en que tuve el honor de participar plenamente, momento luminoso que tenía ya sin embargo dentro de sí los signos premonitorios de las nubes de intolerancia, fanatismo y prejuicio que muy pronto habrían de empañar esa atmósfera prometedora, los signos contra los cuales nos alzamos entonces muchos de nosotros como creadores, así como lo expresan precisamente las dos obras que aquí vuelvo a editar, esperando que este material —clásico en su esencia por los temas tratados en las dos piezas— pueda todavía interesar a quienes aman el teatro.

S.S.D., Jerusalem, agosto de 2012

SÓCRATES

Drama en tres actos

Prólogo a la primera edición:
Dr. Bernardo Canal - Feijóo

*Al doctor Rodolfo Mondolfo,
agradeciendo el importante estímulo
-casi único por largo tiempo- que
significaron
para mí las palabras generosas con que
acogió,
en el invierno de 1967, esta obra que
debe mucho
a la inspiración de su pensamiento y de
su serena
presencia de maestro ejemplar.*

S.S.

El azar, esta vez generoso, me concedió el hallazgo de este "Sócrates" de Sara Strassberg, en circunstancias muy propicias para él: solitario absoluto en medio de un considerable montón de obras del género, igualmente inéditas, de autores jóvenes como ella, o casi, presentadas a un concurso. No estaba obligado a abrir juicio; pude haberme ahorrado el trabajo de leerlas; es siempre menos fácil la lectura de una obra de teatro que la de una novela. Pero en ansias permanentes de encontrar algún indicio de un nuevo teatro, o un teatro joven argentino auténtico, de todos anhelado, quise aprovechar esa oportunidad que posibilitaba un miraje de conjunto. No alcancé a leer todas; sí, muchas; la retahila parecía ensañadamente empeñada en arrastrarme a mí también al ya crónico desengaño de tantos otros. Siempre lo mismo: un teatro con fuerte regusto de segunda mano, reflejo traducticio, esto es rebajado, de productos de última o penúltima temporada de París, o Londres, o Nueva York, magramente cargados de un ingenio que más hace pensar en travesuras de *enfant terrible* que en potencias creadoras (infantilismo sofisticado ha llamado un crítico inglés a esos jueguitos del ingenio de

turno); y todo girando siempre entorno a los ya
archiresobados y probadamente ineptos tópicos,
el absurdo, la agresividad, el sexo –o mejor dicho,
la homosexualidad-, el *huit-clos*; y todo mezclado
a caprichos "informalistas" pueriles o recursos es-
purios de cualquier especie que, si bien confesa-
damente urdidos para fastidiar al espectador con
fines catárticos (?), dicen, no logran en definitiva
otra cosa que volver más resaltantes las notorias
falencias creadoras.

Encontrarse de pronto, solitario y perdido en
el fárrago monótono, con un "Sócrates" química-
mente puro por así decir, de tema eminentemente
consabido y remoto, sin gesticulaciones, ni exabruptos gratuitos, ni deslenguamientos innecesarios,
escrito por una mujer joven y por ende situada en su
generación, no podía dejar de sorprender e intrigar
al lector, doblemente en este caso en que lo insólito
del hecho coincide con lo excelente de la obra.

En verdad, aquel numen impar que instituye
el diálogo en llave maestra de su docencia, que abo-
mina del soliloquio y la especulación abstracta, que
no escribe su pensamiento, que lo "actúa", parecería
figura particularmente recomendada al género dramático. También bajo esta faz ha llevado a muchos a
aproximarla a la de Cristo. Sólo que el "drama" de la
sabiduría socrática no es más fácil de teatralizar que
el drama de "la pasión" mística... En uno y otro, la
estereotipación de la anécdota, la cristalización dog-
mática de las ideas que le están adscriptas, obligan
a la "estampa", esa instancia de las representaciones
objetivas del espíritu creyente o pensante en que
el dinamismo de "la acción" exterior se transfiere

totalmente al dinamismo interior de la fe o el pensamiento. ("que mueven montañas").

Por virtud inherente al buen lenguaje –o si se quiere, a la buena literatura- reencontramos aquí, vívidamente "estampada", la imagen del sabio y maestro primordial, tel *qu'en lui m^eme l'eternité* lo ha aquilatado, humano y mítico a la vez, impartiendo la soberana "lección" de la sabiduría encarnada.

Por esas calidades, que pulso y pondero sin reservas en este "Sócrates" de Sara Strassberg, lo veo a igual distancia de los diálogos platónicos –sin duda su fuente de inspiración inmediata- que del teatro específico, diré, pidiendo escenario propio, que llamaré para designarlo de algún modo escenario lectivo, no por cierto que excluya el "gran público", sino el que lo congregue para enfrentarlo metódicamente al teatro profundo, éste, por sí mismo, esencialmente mayéutico como "la lección" socrática misma. Mecánicamente, este "Sócrates" empuja a soñar en una categoría teatral sistemática que podría implicarse bajo el rótulo general de "teatro para la cultura", por oposición al imperante "teatro para la incultura", tan extraviador de verdaderas vocaciones dramatúrgicas como provechoso para los industriales del espectáculo.

Bernardo Canal - Feijóo

PERSONAJES

Sócrates
Anito
Critias
Critón
Alcibíades
Querefón
Antifón
Mirto
Fedón

Hombres y mujeres de Atenas

La acción, en Atenas. Siglo V a. de C.

PREÁMBULO

El tribunal. Sobre un telón en forma de pergamino, se lee: "Se acusa a Sócrates, hijo de Sofronisco, de no reconocer como dioses a los dioses de la ciudad, y de introducir nuevos dioses. Se le acusa también de corromper a la juventud. Se pide pena de muerte".

Se escuchan el rumor y los gritos del coro, los golpes del báculo del heraldo, y su voz pidiendo silencio. El telón se levanta, dejando ver al fondo, contra una cortina negra, el alto estrado –sobre el que hay una especie de trono- del presidente del tribunal. A ambos lados, dos pequeños estrados. En el de la derecha, sentado en un banquillo, está Sócrates. En el otro, Anito y otros dos atenienses, los acusadores. A los costados, separados del centro de la escena por cordones, dos graderías para el coro, que se abren hacia la platea, como si fueran su continuación. A un lado, un heraldo con un alto báculo rojo. Salvo Sócrates, cuya blanca túnica se destaca contra la negrura del fondo, todas las figuras, tanto el presidente como los acusadores y los componentes del coro de atenienses, son sólo sombras sin rostro, iluminadas por una luz rojiza; lo que hace aparecer a toda la escena como la pintura de un antiguo vaso del siglo V, en rojo sobre negro. Los miembros del coro llevan gruesas varas y agitan tablillas de cera. Al levantarse el telón, del que queda visible la parte inferior con la frase: "Se pide pena de muerte"; *el heraldo está golpeando el piso con su báculo, intentando hacer callar al coro.*

HERALDO: ¡Silencio! ¡Silencio, atenienses! *(Señala con el báculo a Sócrates, que baja del estrado y se adelanta, sereno y sonriente.)*

SÓCRATES: *(Se dirige al público de la platea como si éste fuera su jurado.)* Mis acusadores han sido muy hábiles, atenienses; tanto que casi me convencen a mí. Lástima que no han dicho ni una palabra de verdad. Eso me diferenciará de ellos; no sabré hablaros tan bien, pero os diré toda la verdad y sólo la verdad. Lamento no conocer mejor el procedimiento, pero ésta es la primera vez que comparezco ante un tribunal; y tengo ya setenta años. Por esto, os pido que no os enojéis por mi torpeza, y sólo examinéis si lo que digo es justo o no; ya que convendréis conmigo en que eso es lo más importante. *(Pausa.)* La ley dice que un acusado debe defenderse; está bien, lo haré, pero a mi manera. No es de Anito, Méleto y Licón de quienes me defenderé, ni de su acusación; sino de la vuestra; porque sois vosotros, hombres de Atenas, todos vosotros, mis acusadores; así como seréis mi jurado, mis jueces, y quizás mis verdugos.

CORO: ¿Qué dice?
-¡Está loco!
-¡Esa no es manera de defenderse!

SÓCRATES: Os lo explicaré. *(El heraldo golpea con su báculo, hasta que el coro hace silencio.)* Vosotros sabéis que la acusación presentada es falsa. ¿Quién puede creer que no reconozco a los dioses, cuando todos me habéis visto sacrificando en las fiestas solemnes y en los altares públicos? Y en cuanto a decir que traigo nuevos dioses, porque escucho en mí una voz que me indica lo que debo hacer, ¿quién no sabe que los dioses se manifiestan también así, mediante voces que todo buen ateniense respeta como a la voz de Apolo a través de su oráculo de Delfos? Se dice también que corrompo a los jóvenes; pues bien, que mis acusadores hagan comparecer un solo testigo. Sabéis que no pueden. Antes bien, allí están, sentados entre vosotros, muchos de los que han cultivado mi trato, algunos con sus hijos, otros con sus hermanos, otros con sus padres. Allí están, Critón y su hijo Critóbulo; Esquines y su padre; Paralo, Platón, Nicóstrato, y tantos otros que mis acusadores hubieran podido citar como testigos; y si olvidaron hacerlo, les ofrezco que lo hagan ahora. Pero no lo harán, atenienses, porque todos ellos están aquí sólo para ayudarme. Así, veis que no necesito defenderme de la acusación de Anito y sus amigos, porque no tiene fundamento. (*Murmullos de desaprobación.*) Pero, ¿por qué estoy aquí, entonces? ¿A qué se debe que vosotros estéis tan enojados y podáis desear mi muerte? Os lo diré. Sois vosotros, la mayoría de vosotros, quienes me consideráis culpable, porque los prejuicios y las calumnias han hecho que me tengáis miedo, aunque no sepáis por qué. Por eso, sois vosotros mis acusadores, y es de vosotros de quienes debo defenderme. (*Pausa.*) Me consideráis culpable, sí. ¿Por qué? Porque mi vida no es como la de todos. Y tenéis razón. ¿Por qué es eso? ¿Cómo vives? ¿Cuál es tu ocupación? Eso deberíais preguntarme, y a eso voy a tratar de responder, más en vuestra defensa que en la mía, porque si me condenáis a muerte, será a Atenas a la que avergonzaréis, no a mí.

CORO:-¿Qué quiere decir?
-¡Se burla de nosotros!
-¡Que muera! ¡Que muera!

SÓCRATES: (*Sigue, sereno, una vez acallados los gritos.*) En mi juventud, conocí una Grecia hermosa. La victoria sobre los persas nos había unido a todos, y Atenas era la corona resplandeciente de un alegre y glorioso reino. Pero de pronto todo cambió. Atenas cambió. Yo lo comprendí el día de la victoria sobre Samos. (*Recordando.*) Sí, fue el día que volvió Pericles al frente de nuestras naves vencedoras. (*Apagón.*)

Acto I

I. El Ágora, a la hora del mercado. Es una escena alegre y pintoresca. Gran animación; los hombres conversan, reunidos en coros. Los mercaderes vocean desde sus puestos, ofreciendo sus productos: dátiles, vinos, joyas, incienso y armas. Pasan vendedoras, ofreciendo tortas y miel.

ATENIENSE I: (*Llega, agitado.*) ¡Ya están entrando! ¡Pronto estarán aquí!

ATENIENSE II: ¿Sabes cuántas naves vuelven?

ATENIENSE I: No, pero seguramente están todas.

ATENIENSE III: Dicen que no entendieron las señales.

ATENIENSE I: Los centinelas no pudieron verlas. Las antorchas se apagaban por el viento y no había luna. Pero no hay duda. La Salamina trae el trofeo.

ATENIENSE II: Después de nueve meses de sitio, Samos debe haberse rendido por hambre.

ATENIENSE III: Es una hermosa ciudad.

ATENIENSE I: "Era", quieres decir. Nuestros hombres deben haberla destruido por completo.

ATENIENSE III: No, espero que Pericles...

ATENIENSE I: Destruida, completamente destruida debían dejarla. Quemar las casas, arrasar los campos y matarlos a todos. Si yo hubiera ido...

ATENIENSE III: No hables así, son griegos.

ATENIENSE I: ¿Y eso qué? ¡Así aprenderán a no rebelarse contra Atenas! ¡Sólo así conseguiremos que los otros aliados nos teman y paguen los tributos! (*Se escuchan gritos desde lejos.*) ¡Entraron al puerto! ¡Vamos! ¡Vamos a recibirlos, ciudadanos! (*El grupo sale. Cerca, examinando unas ánforas está Critón, acompañado de un joven corpulento que ha estado escuchando con aire preocupado la conversación del grupo.*)

CRITÓN: (*Mostrando una ánfora a su compañero.*) Vamos, aconséjame.

SÓCRATES: (*Sin interés.*) Decídelo tú, Critón.

CRITÓN: ¡Pero tú conoces mejor el gusto de Fénide! ¡Ya sabes lo que ocurrió el otro día, cuando compré esa alfombra en el Pireo!

SÓCRATES: (*Riendo.*) ¿Y ahora quieres que tu mujer se enfade conmigo, Critón? ¿Crees que no tengo bastante con los reproches de Jantipa?

CRITÓN: (*Melancólico.*) A veces me pregunto para qué nos habremos casado. Estábamos tan tranquilos antes...

SÓCRATES: (*Examinando la ánfora.*) Calla, nuestro deber como ciudadanos de Atenas es tener hijos. (*Por lo bajo.*) Y ver lo menos posible a nuestras mujeres. (*Ríen.*) ¡Pero creo que Fénide no podrá decirte nada si le llevas esta copa! Mira. ¡Es hermosa!

MERCADER: Si me permites aconsejarte, ciudadano, yo...

CRITÓN: (*Lo interrumpe, examinando la copa.*) No, no me aconsejes. De sobra sé que me recomendarás la más cara. (*A Sócrates.*) Creo que tienes razón, amigo. (*Al mercader.*) Dime cuánto es la copa.

MERCADER: Dos óbolos.

CRITÓN: Te daré uno. (*Interrumpe al mercader, que parece ir a protestar.*) Uno, ¿sí o no?

MERCADER: Está bien, ciudadano. Ya sabes. Nunca discuto contigo. (*Critón paga; aumenta el griterío del fondo.*)

CRITÓN: (*A Sócrates.*) ¿Quieres que vayamos al puerto? Ya deben estar las naves.

SÓCRATES: No, Critón. Prefiero que nos quedemos aquí. (*Lo interrumpe el clamor de un grupo que entra, rodeando a unos soldados a los que vitorean. Entre ellos está Anito, armado.*) ¿No es nuestro amigo Anito?

CRITÓN: Sí. ¡Salud, Anito! ¿Cómo te ha ido?

SÓCRATES: ¿Estás herido?

ANITO: No es nada. (*Aspira fuertemente y contempla feliz lo que lo rodea.*) ¡Oh, ciudadanos! ¡Nada puede compararse a la felicidad de volver a Atenas después de haber pisado otras tierras y visto otros cielos! ¡Por Hércules! ¡Nuestra ciudad es la más hermosa del mundo! ¡Debemos agradecer a los dioses por su bondad al habernos hecho nacer aquí! ¿Sabéis?, cuando nuestras naves empezaron a acercarse, esta madrugada..., y vimos a Atenas Promecos en lo alto de la Acrópolis, al tiempo que el sol hacía brillar los grandes muros como si fueran de oro..., muchos de los hombres lloraron, ciudadanos; lloraron como niños de pecho al ver a la madre que creían perdida. Porque eso es para nosotros Atenas, la madre por la que todos daríamos la vida, como lo hicieron los bravos que cayeron en Samos. ¿No es cierto, atenienses?

TODOS: ¡Claro! ¡Claro que sí! ¡Viva Anito! ¡Viva Pericles!

ANITO: ¡Viva Atenas!

CRITÓN: Cuéntanos de Samos, Anito. ¿Cómo se rindieron? ¿Qué castigo les impuso Pericles?

ANITO: Se rindieron al sentirse perdidos. Esparta no los ayudó. Será un ejemplo para toda Grecia. Su traición no fue recompensada. ¡Si hubierais visto!... Cuando entramos en la ciudad, muchos habían muerto de hambre; no habían tenido tiempo de enterrarlos a todos, tantos eran. Estaban amontonados en las calles, unos sobre otros. Había muchos enfermos. Después que hicimos saltar sus muros, quemamos sus casas, nos llevamos sus naves, y hemos traído a muchos de los hombres como esclavos.

TODOS: ¿Esclavos?

SÓCRATES: ¿Esclavos? ¡Eso no puede ser, Anito! ¡Los samios son griegos! ¡Son hombres libres!

ANITO: Se rebelaron contra Atenas. Merecían la muerte, y sólo se les da la esclavitud. ¡Eso les hará pensar, y hará pensar a todo el que vea a un samio con la lechuza ateniense estampada en su frente! ¡Nadie volverá a oponerse a Atenas!

ATENIENSE I: ¡Bravo! Muy bien hecho. ¡Esa es la lección que había que darles! (*Algunos atenienses dudan, otros gritan "Bravo".*)

SÓCRATES: ¿Hacer esclavos de nuestros hermanos, porque piensan de otro modo que nosotros? ¿Grabar a fuego en su frente el signo de la esclavitud, sólo porque no aceptan el modo de vivir de Atenas, ni quieren pagarle tributo? Eso no está bien. Los dioses no pueden querer algo así. No pueden aprobar una paz tan injusta.

ANITO: Será mejor que no hables de esa manera, amigo. Si no te conociera, diría que no eres amigo del pueblo. Todo buen ciudadano debe alegrarse. La democracia ha triunfado. Nadie discutirá ahora el poder de Atenas.

SÓCRATES: (*Suave.*) ¿El poder? Creía que Atenas luchaba por la libertad; que la libertad era su escudo y su gloria; ¿y tú me hablas ahora del poder?

ANITO: No volverá a haber guerras.

SÓCRATES: ¿Lo crees, Anito? (*Lo observa atentamente.*) Sí, lo crees. (*Pausa.*) Dime, ¿ha vuelto Metico?

ANITO: Sí, él dirigió la primera división. ¿Por qué lo preguntas?

SÓCRATES: (*A Critón.*) Ahora podrá cumplir con su plan; ¿recuerdas, Critón? (*Critón asiente.*)

ANITO: ¿De qué hablas? Si quieres decir algo malo de Metico, ten cuidado. Es rico y poderoso.

SÓCRATES: La noche antes de que la escuadra partiera hacia Samos; nosotros, Critón y yo estuvimos con Metico en un simposio. Ya sabes que no aguanta el vino. Cuando lo acompañamos a su casa, nos contó sobre el plan que tenía para reconstruir a Samos después de la guerra. Según Metico, lo mejor sería arrasarlo todo, así después muchos atenienses tendrían trabajo al volver a levantar la ciudad. El, y muchos otros, se llenarían de oro. Cuatro años llevaría la reconstrucción, ¿no es así, Critón?

CRITÓN: Sí.

ANITO: No lo creo. Y tú no piensas en lo que dices. Si Metico se entera, te llevarán al tribunal. Metico es...

SÓCRATES: Ya sé. Es poderoso y muy rico; y lo será mucho más, cuando haya reconstruido a Samos. Pero tú no comprendes, Anito; o no quieres comprender. ¡Ea, Critón!... ¿has pagado ya?

ANITO: (*Sin dejar contestar a Critón.*) Por la amistad que hasta hoy nos unió, espero que no vuelvas a hablar así. (*Sócrates mira a lo lejos, haciendo pantalla con la mano sobre sus ojos.*) ¿Qué miras?

SÓCRATES: Los muros. ¿Recuerdas cuando los levantamos? Tú, Critón y yo éramos muy niños, pero también ayudamos. Todos, los hombres, las mujeres, los ancianos, los inválidos y los niños, todos llevamos piedras para levantar los muros, que iban a ser los más altos de toda Grecia. ¡Qué orgullosos estábamos! No era sólo construir una muralla después de la gran guerra, era fortalecer a Atenas. La ciudad más hermosa del mundo iba a estar protegida por los muros más fuertes. Ya nadie volvería a entrar en ella para saquearla, para destruirla, para incendiarla. ¿Recuerdas?

ANITO: Sí.

SÓCRATES: ¡Es extraño! Nunca los había visto desde aquí, con el sol de frente. ¿Sigues viéndolos de color de oro, Anito?

ANITO: (*Con orgullo.*) Sí. Nadie los derribará jamás.

SÓCRATES: (*Después de un tiempo; parece angustiado por lo que ve.*) En este momento, yo veo sangre en los muros de Atenas, Anito. Sangre griega. No sé. La sangre pide sangre, han dicho los poetas. Es la antigua maldición. Y la sangre injustamente derramada se paga con lágrimas, dolor y muerte. (*Por un tiempo nadie se mueve; entra un heraldo.*)

HERALDO: (*Solemne.*) ¡Hombres de Atenas! ¡Ciudadanos! ¡Debo anunciaros una gran novedad! ¡Samos se ha rendido! ¡Nuestra escuadra victoriosa ha vuelto! ¡El gran sacerdote Diopeites os invita a uniros a la procesión que en este momento se dirige al templo de Palas Atenea a ofrecer un sacrificio en acción de gracias! (*Saliendo.*) ¡Hombres de Atenas! (*Se escucha su voz desde lejos.*) ¡Ciudadanos!

SÓCRATES: (*Molesto.*) ¡Las procesiones y los sacrificios no purifican la sangre injustamente derramada!

CRITÓN: (*Por lo bajo.*) Ten cuidado.

SÓCRATES: Vamos, Critón. (*Irónicamente, con un gran saludo a los otros.*) Dejemos a los vencedores gozar de su victoria. (*Salen.*)

ATENIENSE II: ¿Quién es este joven? Muchas veces lo he visto aquí y en el gimnasio, pero nunca hemos hablado.

ATENIENSE I: Es Sócrates, el hijo de Sofronisco, el escultor. Vive en Alopece, en el camino al Pentélico. Siempre se está metiendo en los asuntos ajenos, preguntando y dando opiniones que nadie le pide. ¡Más le valiera trabajar un poco más en su taller que caminar por las calles metiéndose en lo que no le importa!

ATENIENSE III: (*A Anito.*) Muchas veces te he visto con él en los juegos, y cerca del pozo. ¿Es amigo tuyo, no es así?

ANITO: (*Firme.*) Lo era. (*Reaccionando, saca su espada.*) Pero, ¡por Zeus! ¿Qué estamos esperando? ¡Vamos! ¡Unámonos a la procesión! ¡Vayamos al templo de la diosa! ¡Que todos los atenienses se enteren! (*Blandiendo la espada mientras sale, seguido por los otros.*) ¡Vengan con nosotros! ¡Victoria en Samos! ¡Victoria en Samos!

TODOS: (*Saliendo.*) ¡Victoria! ¡Victoria!

II. *El gimnasio. Al fondo, algunos jóvenes se ejercitan. A un lado, un grupo rodea y escucha con atención a Anaxágoras, un anciano de manto escarlata y aspecto venerable.*

ANAXÁGORAS: (*Siguiendo su discurso.*) En un principio todo está mezclado, y es de esta mezcla que nacen todas las cosas que vemos.

ARQUELAO: Pero, ¿por qué se separan las cosas, maestro? No puedo entenderlo.

ATENIENSE: Tampoco yo.

ANAXÁGORAS: Eso se debe a la acción del espíritu.

ARQUELAO: ¿El espíritu?

ATENIENSE: ¿Un dios, quieres decir?

ANAXÁGORAS: No. El espíritu es la inteligencia, y la inteligencia separa y ordena lo que al principio está mezclado y en desorden. Así nacen las cosas que vemos. Así nace el mundo.

CRITÓN: ¿Y cómo nace el espíritu, Anaxágoras?

ANAXÁGORAS: Es una fuerza que viene del sol.

ATENIENSE: (*Contento.*) Entonces viene de un dios.

ANAXÁGORAS: El sol es una gran piedra llena de fuego. Es mucho más grande que toda Grecia, y gracias a él existimos.

ATENIENSE: (*Alarmado.*) ¿Te atreves a decir que el sol no es un dios?

ANAXÁGORAS: Eso no importa, ateniense. Lo que importa es lo que el sol hace, y cómo produce esta gran fuerza que nos hace vivir. Algún día lo sabremos, y entonces comprenderemos de dónde venimos.

SÓCRATES: ¿Y sabremos también adónde vamos?

ANAXÁGORAS: No te comprendo, joven ateniense. ¿Preguntas adónde va nuestro astro, la tierra?

SÓCRATES: No; pregunto adónde vamos nosotros, los seres humanos. (*Pausa*.) Muchas veces te he escuchado, maestro; y he admirado tu sabiduría; pero nunca te he oído hablar de lo que a mí me preocupa.

ANAXÁGORAS: ¿Qué es lo que te preocupa?

SÓCRATES: Quiero saber qué somos nosotros, los seres humanos. Quiero saber para qué vivimos. Quiero saber cómo debemos vivir.

ANAXÁGORAS: (*Sonriendo*.) Esos problemas son muy fáciles de resolver, amigo mío. La vida misma los contesta. Lo que pasa es que eres muy joven. Cualquiera puede responderte.

SÓCRATES: Respóndeme entonces tú, por favor. ¿Cómo debemos vivir?

ARQUELAO: No molestes al maestro; ¿no ves que estamos ocupados con problemas serios?

ANAXÁGORAS: No importa, Arquelao. Déjalo. (*A Sócrates*.) ¿Cómo debemos vivir, es tu pregunta? (*Sócrates asiente, ansioso*.) Debemos vivir estudiando, claro; tratando de saber lo que son todas las cosas: el sol, la luna, las estrellas y el cielo. ¿Entiendes?

SÓCRATES: Sí. Pero, dime: ¿todos los hombres deben hacerlo?

ANAXÁGORAS: No, no todos. Los que se sientan felices al hacerlo.

SÓCRATES: ¿Entonces debemos vivir para ser felices?

ANAXÁGORAS: Sí, claro.

SÓCRATES: ¿Qué es la felicidad, maestro?

ANAXÁGORAS: Hacer lo que a uno le gusta, creo yo.

SÓCRATES: Entonces, si a alguien le gusta hacer continuamente daño a quienes le rodean, ¿crees tú que debe hacerlo porque así será feliz?

ANAXÁGORAS: Pues... no; no es eso precisamente lo que quiero decir. Creo que debería pensarlo mejor. ¿Sabes, joven amigo? Tu pregunta no era tan simple, después de todo.

SÓCRATES: Eso creía yo, maestro.

QUEREFÓN: (*A Sócrates, con interés.*) ¿Y qué piensas tú que es la felicidad?

SÓCRATES: No lo sé.

ARQUELAO: ¿Y nos haces perder tanto tiempo cuando ni siquiera sabes qué es lo que quieres saber? (*Todos ríen.*)

SÓCRATES: Creo que son ustedes quienes pierden su tiempo, Arquelao. ¡Con lo corta que es nuestra vida, yo creo que es perder tiempo estudiar la naturaleza y el cielo, cuando no sabemos para qué vivimos!

ARQUELAO: Más importante es saber qué es el sol y de dónde viene su calor; y qué son los otros planetas.

SÓCRATES: ¿Cómo sabes qué es lo más importante?

ARQUELAO: Yo lo sé. Quizás algún día hasta podamos llegar a los otros planetas. ¿Te imaginas? Ir a la luna, por ejemplo. ¡Sería maravilloso!

SÓCRATES: ¿Y de qué serviría eso si no descubrimos primero para qué vivimos?

ARQUELAO: (*Enojado.*) ¡Niñerías! No nos entretengas más, jovencito. ¡Maestro! (*Toma del brazo a Anaxágoras y se lo lleva paseando por el recinto, seguido de los otros.*) ¿Crees tú que no se debe tener miedo de los eclipses? (*Se alejan.*)

QUEREFÓN: (*Que se ha quedado con Sócrates y Critón. A Sócrates.*) Quisiera ser tu discípulo.

SÓCRATES: (*Asombrado.*) ¿Qué dices? ¿Tú, discípulo mío?

QUEREFÓN: Sí.

SÓCRATES: (*Riendo.*) Pero eso no puede ser, Querefón. Yo no sé nada. ¿No has visto cómo se burlaron estos sabios de mí?

QUEREFÓN: Eso no me importa. No me interesa saber qué es el sol, Sócrates. Hace pocas semanas vi morir a mi padre de una cruel enfermedad. Era un hombre rico, noble; tú lo conociste. Murió llorando, gimiendo tan cobardemente que sentí vergüenza por él. En esos días murió también un esclavo de la casa. Era un viejo frigio.¡Si lo hubieras visto! Murió sonriendo, sin ningún temor, a pesar de lo mucho que sufría. ¿Entiendes, Sócrates? ¡No me importa qué es el sol! Quiero saber qué soy yo, y cómo debo vivir para poder morir sin miedo. Es lo que tú dijiste.

SÓCRATES: Pero es que yo no puedo contestarte, Querefón. (*Pausa.*) Todavía no. Pero te prometo que si algún día descubro la respuesta, te la enseñaré. Y a todos los que quieran saberla. (*Se dan la mano con extraña solemnidad. Anaxágoras y su grupo se acercan a ellos.*)

ANAXÁGORAS: Sí, hay llanuras y montañas en la luna. ¡Claro que recibe la luz del sol!

ARQUELAO: ¿Y crees tú que en los otros planetas también hay vida?

ANAXÁGORAS: Sí; también en ellos nacen hombres y otros animales; y los hombres viven en ciudades y cultivan campos como nosotros. Alguna vez podremos... (*Se interrumpe al ver entrar corriendo a un joven.*)

JOVEN: ¡Anaxágoras! ¡Anaxágoras!

ANAXÁGORAS: Aquí estoy. ¿Qué te ocurre?

JOVEN: Ha pasado algo grave. ¡Alguien ha depositado en la casa del arcón Basileo una acusación en tu contra!

TODOS: ¿Una acusación? ¿Contra Anaxágoras?

JOVEN: Sí. Había muchos leyéndola cuando pasé.

ANAXÁGORAS: (*Muy sereno.*) ¿De qué se me acusa, muchacho?

JOVEN: De impiedad.

ANAXÁGORAS: Impiedad, claro. No me sorprende demasiado. La vida está cambiando en Atenas.

ARQUELAO: Tienes que escapar, maestro. Podrían condenarte.

ANAXÁGORAS: ¿Condenarme porque estudio el sol? No, a pesar de todo, no tiene sentido, Arquelao. Me quedaré y me defenderé. Atenas tendrá que comprender.

ATENIENSE: ¡Claro! Todos te defenderemos. Nadie se atreverá a hacerte nada. (*Murmullos de aprobación.*)

SÓCRATES: (*Por lo bajo, a Critón y a Querefón.*) Atenas no comprenderá.

CRITÓN: ¿Crees que podrían condenarlo?

QUEREFÓN: Eso no puede ser. El maestro es amigo de Pericles. El no lo permitirá.

SÓCRATES: Atenas tiene miedo, y no sabe a quién culpar por su miedo. ¿No os habéis dado cuenta? Atenas ha cambiado, sí. Y va a cambiar mucho más. Desde lo de Samos, hace cinco años, los muros se han vuelto a ensuciar muchas veces con sangre griega, demasiadas. Hay guerra en el aire de esta paz ensangrentada. Atenas se ahoga con su hedor. Necesita culpables. Y los tendrá.

ANAXÁGORAS: (*Sale, seguido por su grupo.*) Atenas tendrá que comprender.

SÓCRATES: Atenas no comprenderá.

III. *El taller de escultura, en la casa de Sócrates. Es una casa vieja y pobre, pero con dignidad. Sobre el piso de tierra hay esteras de junco. Hay un brasero encendido. Cerca de un bloque de mármol, empezado a tallar, está trabajando Sócrates. Entra Critón.*

CRITÓN: Escapó.

SÓCRATES; ¿Qué dices?

CRITÓN: Anaxágoras. Huyó esta noche a Lámpsaco, disfrazado de pastor. (*Se deja caer sobre una silla.*)

SÓCRATES: (*Sigue trabajando.*) Mejor. De otro modo, hubiera muerto. Todos sabían que lo iban a condenar.

CRITÓN: Esto no puede ser, Sócrates. Anaxágoras, en Lámpsaco. Fidias, el pintor que iluminó a Atenas con su genio, en la cárcel. Y hasta dicen que van a presentar una acusación contra Aspasia.

SÓCRATES: ¿También eso? Esto empieza a marchar muy rápido.

CRITÓN: No pareces sorprendido.

SÓCRATES: No lo estoy. Desde hace un tiempo, denunciar a los demás se ha vuelto una profesión, y los hombres de Atenas se divierten más en una sesión del tribunal que en la representación de la mejor comedia. ¡Para no hablar de lo bien que les viene lo que cobran como jurados!

CRITÓN: No digas eso. No es tanto.

SÓCRATES: Pero les viene bien. No, lo malo es que esto oculta algo mucho más grave que pronto tendremos encima. Llegaremos a una guerra mundial, y toda Grecia se desangrará. ¡Por Zeus y todo el Olimpo! (*Arroja el cincel con rabia.*) ¡Saber que esto va a pasar y no poder hacer nada! ¡Y todo por no saber para qué se vive! ¡Por no hacerse la pregunta! ¡Dios! (*Se acerca a la ventana.*)

CRITÓN: ¿Qué te pasa? ¡Últimamente estás tan raro! ¿Qué es, Sócrates?

SÓCRATES: No sé, Critón. Daría cualquier cosa por ser el de antes, cuando trabajaba contento aquí; cuando iba al gimnasio y charlaba con ustedes, leyendo y discutiendo los escritos de los sabios; cuando paseaba por el Iliso y escuchaba feliz el rumor de sus aguas tranquilas, y el canto de las cigarras. ¡Pero ahora no puede ser! Siento que algo pasa, que algo está mal, y que yo, yo, personalmente, debo hacer algo. ¿No es absurdo? ¿Qué puedo hacer yo? No sé. Si pudiera comprender, si pudiera saber en dónde buscar la respuesta..., ¡una respuesta, cualquier respuesta! (*Se escuchan golpes en la puerta y gritos.*)

QUERETÓN: Sócrates, Sócrates, ¿estás ahí? (*Entra agitado, mostrando una tablilla.*) ¡Sócrates!

SÓCRATES: ¿Qué te ocurre? (*El joven está tan agitado que murmura frases incomprensibles, al tiempo que agita la tablilla.*) ¡No te entiendo¡ ¿Qué dices?

QUEREFÓN: ¡La Pitonisa!

SÓCRATES: ¿La Pitonisa?

CRITÓN: ¿Qué quieres decir, Querefón? (*El muchacho cae sobre una silla; casi no puede respirar.*)

SÓCRATES: ¿Has estado en Delfos? ¿En el templo de Apolo? ¿Es eso? (*Querefón asiente con la cabeza.*)

CRITÓN: ¿Fuiste a consultar con el oráculo? (*Querefón asiente.*) Y bien, ¿qué quieres contarnos?

SÓCRATES: ¿Es algo grave? ¿Podemos ayudarte?

QUEREFÓN: Le pregunté a Apolo..., a la Pitonisa...

SÓCRATES: ¿Sí?

CRITÓN: Sigue.

QUEREFÓN: Si había algún hombre más sabio que Sócrates.

SÓCRATES: ¿Cómo?

CRITÓN: ¡Qué ocurrencia!

SÓCRATES: ¡Tú estás loco! (*Querefón le tiende la tablilla.*)

QUERÉFÓN: Ella temblaba, se agitaba entre el humo; dijo algo. Los sacerdotes lo escribieron. Aquí tienes. Lee. Es lo que contestó.

SÓCRATES: (*Lee, muy sorprendido.*) No. No puede ser.

CRITÓN: ¿Por qué? ¿Qué dice? (*Sócrates le da la tablilla. Lee.*) "Nadie".

SÓCRATES: Es una broma de los sacerdotes. (*Pausa.*) Pero ellos no harían una broma así.

QUERÉFÓN: (*Saltando de la silla.*) Sócrates, ¿comprendes esto? ¡No hay nadie más sabio que tú! ¡Lo ha dicho el oráculo! ¡Es la voz de Apolo!

SÓCRATES: No puede ser.

QUERÉFÓN: Yo lo sabía. Lo esperaba. Tendrás que cumplir ahora tu promesa, Sócrates. (*Ante la sorpresa de Sócrates.*) Seré tu discípulo.

CRITÓN: Esto es sólo un sueño. (*Mirando a Sócrates, extrañado.*) ¿Mi amigo Sócrates, el más sabio?

SÓCRATES: (*Cansadamente.*) Yo no sé nada; sólo sé que no sé nada. (*Para sí.*) ¿Qué quiere decir todo esto?

QUERÉFÓN: Serás mi maestro. Sí. Tengo que contárselo a todos. Toda Atenas tiene que enterarse. ¡Eres el elegido de Apolo! (*Sale corriendo sin que Sócrates pueda detenerlo.*) ¡Sócrates es el elegido del dios! ¡No hay nadie más sabio que Sócrates!

SÓCRATES: No, que no lo diga, Critón, por favor...

CRITÓN: Trataré de contenerlo. Esto es una locura. (*Sale.*)

SÓCRATES: (*Se sienta.*) ¿Qué tratas de decirme? (*Se apagan todas las luces, sólo queda el resplandor del brasero encendido que ilumina a Sócrates.*) ¿Es ésta la respuesta? No entiendo. ¿Por qué yo? No soy sabio. Soy un hombre común. Trabajo en mi taller lo mejor que puedo. Cuido mi olivar. Tengo una buena mujer y un hijo sano. Me gusta la música; y también bailar. Soy demasiado alegre, quizás; pero es que soy así. Así fue mi padre, y mi abuelo. Hombres simples, comunes. ¿Por qué todo esto, entonces? ¿Por qué esa espantosa visión de Atenas marchando a su desgracia? ¿Por qué vi esa sangre manchar los muros? Nadie más la vio. Aquel día, como en un rayo, vi destruidos los muros de mi amada Atenas; vi sus piedras caídas; sentí los golpes que los abatían. Desde entonces no puedo dormir, escucho continuamente esos golpes y creo que voy a enloquecer. ¿Cómo contárselo a alguien? ¿Cómo decírselo a Critón? Y además, sentir una voz que me dice que yo debo evitarlo. ¿Cómo podría evitarlo si fuera nuestro destino? (*Pausa.*) Y ahora esto. ¡Todos se reirán de mí! ¿Y si fuera una broma de los sacerdotes? Pero, ¿por qué iban a hacerla? No. (*Pausa.*) Y esta voz, esta voz dentro de mí, como si estuviera en el extremo de un camino que debe llevarme hacia algún lado. ¿Por qué de pronto la certeza y de inmediato la duda? Esa voz..., esa voz..., aquí está otra vez. (*Se levanta.*) ¿Quién eres? Si eres un dios, ¿cuál es tu nombre? Oh, Dios, o lo que seas, ¿eres tú o soy yo quien está hablando en mi interior? ¿Qué es lo que me arrastra? ¿Qué condenado orgullo, qué estúpida vanidad mueven mi vida hacia lo desconocido? (*Pausa. Como si escuchara.*) ¿Una misión? ¿Es eso lo que me impones? Pero, ¿por qué yo? No sé nada. (*Pausa.*) Sí, amo a Atenas. Sí, quiero salvarla. (*Pausa.*) ¿Podré hacerlo? (*Se sienta, como para sí.*) Querefón quiere que sea su maestro. ¿Será esa la misión?

Sólo podré preguntar con él. ¿Alcanzará con eso? ¿Llegaré a saber algún día? ¿Podré realmente enseñar? (*Con pasión, hacia lo alto.*) ¡Ayúdame, oh, ayúdame a comprender! Trataré de hacerlo, sí. Pero tengo miedo. ¡Atenas parece estar tan lejos! ¿Podré llegar a ella? (*Pausa.*) Ayúdame a encontrar el camino. (*APAGÓN*).

Acto II

I. *En la campaña de Potidea. A la noche, ante las tiendas. Algunas antorchas y un pequeño fuego iluminan la escena por partes. A un lado, algunos jóvenes oficiales de caballería, entre los que están Alcibíades, Critias y Querefón, juegan a los dados. Al otro lado, se pasean unos hoplitas armados; son Anito y Critón.*

ANITO: Pronto amanecerá.

CRITÓN: (*Asiente.*) Sonarán los cuernos y empezará la batalla.

ANITO: (*Acercándose al fuego.*) ¡Qué frío hace aquí, por Hércules! Pensar que allá, en Atenas...

CRITÓN: ¿Qué?

ANITO: Nada. Nada. ¡Por qué no se rendirá de una vez esta maldita ciudad! Hace un año que estamos sitiándola. ¡Quisiera volver a Atenas!

CRITÓN: (*Suspirando.*) ¿Y quién no? (*Siguen caminando.*)

CRITIAS: Dicen que les han llegado refuerzos. Será difícil lo de hoy.

ALCIBÍADES: Igual ganaremos. Nadie puede derrotarnos, Critias.

CRITIAS: Muy seguro estás, Alcibíades. Quisiera tener tu confianza. Esta gente de Potidea es dura. Y si Esparta llega a ayudarlos...

ALCIBÍADES: Entonces tendremos por fin la guerra, Critias. Ya es hora de que se decidan. Hace semanas que está reunida la Liga de las Naciones, y no llegan a nada.

QUEREFÓN: ¿Tú quieres realmente la guerra, Alcibíades?

ALCIBÍADES: ¡Claro, Querefón! Mira a los hombres, están nerviosos, asustados. Y hasta muchos de los oficiales. ¡Esto no parece un ejército ateniense! ¡Pero si se declara la guerra, todos sabrán por qué se lucha!

QUEREFÓN: ¿Tú lo sabes, Alcibíades?

ALCIBÍADES: ¿Qué dices? (*Se levanta, enojado; Critias lo detiene.*)

CRITIAS: (*Riendo.*) No le hagas caso. Querefón está imitando a su maestro. ¿O no te has dado cuenta todavía?

ALCIBÍADES: ¿Cómo? (*Recordando.*) ¡Ah, pero, claro! Me dijeron que tú lo seguías a ese... ese... ¿Cómo es que se llama el artesano ése, el elegido de Apolo?

CRITIAS: Sócrates.

ALCIBÍADES: (*Burlón.*) ¿No será que tu maestro escribió él mismo el oráculo, Querefón? El elegido de Apolo..., ¡si es el hazmerreír de Atenas! ¡No entiendo cómo un joven noble como tú puede escuchar a ese mal escultor descalzo metido a sofista! ¿Por qué lo haces? En Atenas hay maestros buenos como Protágoras, o Gorgias, que rápidamente harían de ti un hábil hombre de Estado. ¿O es que ese Sócrates te lo puede enseñar mejor que ellos?

QUEREFÓN: Sócrates enseña algo distinto, Alcibíades.

ALCIBÍADES: (*Burlón.*) ¿Qué? Dímelo; así quizás me haga también yo su discípulo..., y Critias. ¿No es cierto, Critias?

CRITIAS: ¡Claro!

QUEREFÓN: Sócrates es maestro de virtud.

ALCIBÍADES: (*Sorprendido, y luego conteniendo la risa.*) De modo que...; virtud, ¿eh? Virtud. ¿Qué me dices, Critias?

CRITIAS: Es cierto. ¿Nunca te conté la vez que me lo encontré por la calle? Yo iba con Eveno, caminando y, de pronto, nos detiene un báculo. Miramos, y ahí está ese Sócrates que, muy tranquilo, nos pregunta: (*Se levanta y hace una imitación caricaturesca que llama la atención de Anito y Critón que se acercan.*) "¿Me podéis decir dónde se compran las cosas necesarias para la vida?" Mi amigo le contesta: "En el mercado". Y entonces, Sócrates: "¿Y adónde hay que ir para ser un hombre honrado?" "No sé", le dice Eveno. Y entonces, Sócrates... (*Riendo, a Alcibíades.*) ¿A que no sabes lo que le dijo? (*Se pone en pose.*) "Sígueme y lo sabrás". (*Ríe a carcajadas, acompañado por Alcibíades. Querefón y Critón están muy serios. Anito sonríe.*)
ALCIBÍADES: (*Por fin, conteniéndose.*) ¿Y dónde está ahora tu maestro de virtud, Querefón? ¿No estará escondido en alguna cueva, temblando de miedo?

ANITO: No hables así, joven Alcibíades. Sócrates es un soldado valiente. Pregúntale a cualquiera de su regimiento.

CRITÓN: Sócrates está ahora allá, en el campo. (*Señala a lo lejos.*) Está solo. Hace horas que está ahí, de pie, desde que salieron las estrellas. Parece como si soñara.

QUEREFÓN: Es su voz que le habla.

CRITIAS: (*Burlón.*) ¿Su voz?

ALCIBÍADES: ¿Qué es eso? Acaso... (*Va a decir algo mordaz, pero se contiene al mirar a Querefón. Le palmea en la espalda, sonriente.*) Vamos, Querefón; tú y yo somos amigos desde niños; no nos vamos a pelear ahora por un maestro más o menos, ¿no?

QUEREFÓN: (*Duda, pero luego.*) Está bien. (*Sigue jugando con Critias y los otros; Alcibíades se levanta.*)

ALCIBÍADES: (*Contento.*) Pronto habrá guerra. Ya veréis. Atenas será la dueña del mundo entero. (*Saca su espada y hace fintas, simulando luchar.*)

ANITO: Bien dicho, Alcibíades. ¿Sabes? Muchas veces he admirado tu valor en el combate. Te he visto pelear sonriendo; sin pestañear aunque las lanzas enemigas brillaban al lado de tus ojos; ¿es que no temes a la muerte?

ALCIBÍADES: (*Recita, sin dejar de hacer hermosas fintas con su espada.*) "La muerte es bella cuando la sufre un héroe"; ¿o es que no recuerdas los versos de Tirteo? (*Se tira a fondo para dar una estocada y, antes de que Anito pueda responder, entra*

Sócrates, armado como hoplita, y para el golpe de Alcibíades con su escudo.)

SÓCRATES: (*Sereno, ante la sorpresa de Alcibíades.*) ¿Y qué es un héroe, joven Alcibíades?

ALCIBÍADES: (*Interesado, baja la espada.*) "Se es un héroe cuando se cae por la patria", lo dice el mismo Tirteo.

SÓCRATES: Bien contestado. Eres rápido, Alcibíades.

ALCIBÍADES: También tú lo eres, Sócrates. (*Lo saluda con la espada.*)

CRITIAS: (*Burlón.*) Ahora deberías explicarnos qué es la patria, Alcibíades.

ALCIBÍADES: ¿La patria? (*Queda abstraído.*) La patria es Atenas. (*Con ardiente sinceridad.*) "No dejaré mi patria menoscabada, sino más engrandecida y próspera de como la recibí".

SÓCRATES: (*En tono de irónica advertencia.*) "Obedeceré a los magistrados, a las leyes y a las disposiciones que dicte el pueblo". No te olvides la otra parte de nuestro juramento, joven Alcibíades. (*Se miran un tiempo.*)

QUERÉFON: (*Contento.*) Ven, Sócrates. Siéntate con nosotros. (*Él lo hace.*)

ANITO: (*Con admiración, a Alcibíades.*) ¡Tú deberías hablar en la Asamblea del Pueblo, Alcibíades!

ALCIBÍADES: (*Jactancioso.*) Lo haré, Anito, lo haré. Lástima que no esté ahora en Atenas. Los convencería rápidamente para declarar la guerra. ¡Eso es lo que se debe hacer ahora!

SÓCRATES: (*Después de un tiempo.*) ¿De modo que eres sabio, Alcibíades?

ALCIBÍADES: ¿Por qué me lo preguntas?

SÓCRATES: Dices saber qué es lo que Atenas debe hacer.

ALCIBÍADES: Claro que lo sé.

SÓCRATES: Ya lo ves. Si te crees capaz de aconsejar a los atenienses sobre lo que sea mejor hacer, entonces eres sabio.

ALCIBÍADES: (*Mordaz.*) Puedes llamarme así, aunque Apolo no me eligió a mí como sabio. Tiene un gusto extraño Apolo últimamente, ¿no crees? (*Mira a Critias.*) "¿Adónde hay que ir para ser un hombre honrado?" ¿Qué te parece, Critias? (*Los dos ríen a carcajadas.*)

SÓCRATES: (*Después de un tiempo, cuando se han calmado.*) Dime, por favor; ¿quién fue tu maestro, joven Alcibíades?

ALCIBÍADES: ¿Mi maestro, en qué?

SÓCRATES: En esta ciencia en la que eres sabio, la ciencia de lo que se debe hacer.

ALCIBÍADES: Nadie fue mi maestro.

SÓCRATES: Entonces, ¿la has descubierto por ti mismo? Enséñamela, por favor.

ALCIBÍADES: Bueno, no sé si la descubrí por mí mismo. No puedo enseñártela.

SÓCRATES: ¿Entonces, no la descubriste?

ALCIBÍADES: Así parece.

SÓCRATES: Pero recién decías que te hubiera gustado aconsejar a los atenienses ir a la guerra, porque eso era lo justo, lo que se debía hacer. Y si no aprendiste con nadie la ciencia de lo que se debe hacer, y de la diferencia entre lo justo y lo injusto; ni la descubriste por ti mismo; ¿cómo pretendes dar consejos sobre algo que ignoras?

ALCIBÍADES: Yo sé que en este momento lo justo es la guerra. Y nada más. No soy un sofista para hacer bellas palabras sobre cualquier cosa.

SÓCRATES: (*Muy sereno*) No te enojes conmigo, joven Alcibíades. La naturaleza ha sido generosa contigo; eres noble, rico y poderoso. Pero cuantos más dones nos haya dado la naturaleza, más peligroso puede ser que no los sepamos usar. (*Alcibíades, molesto, hace gesto de irse.*) ¿Qué te pasa? ¿Te vas ya?

ALCIBÍADES: No me interesa tu conversación.

SÓCRATES: ¿No será que me tienes miedo?

ALCIBÍADES: (*Se vuelve, amenazador.*) ¿Qué dices?

SÓCRATES: Sólo te he pedido que me enseñes algo de tu sabiduría. ¿O es que te avergüenzas por reconocer que no sabes lo que creías saber?

CRITIAS: ¿Y vas a permitir que este sujeto te trate así, Alcibíades?

ALCIBÍADES: Cállate, Critias. (*Se sienta.*) Y bien, Sócrates. Sigue.

SÓCRATES: Tú quieres para Atenas lo mejor, quieres que sea la dueña del mundo. Te lo oí decir cuando llegaba. Dime, ¿crees que la felicidad de un país depende de su poder?

ALCIBÍADES: Sí.

SÓCRATES: ¿Cómo lo sabes? ¿Quién te lo enseñó? Cuando quisiste aprender música, estudiaste con un maestro; otro te enseñó a luchar; otro a leer y escribir. ¿Pero, quién te enseñó qué significa vivir felizmente? ¿No crees que vivir sea también una ciencia, Alcibíades; o será más bien un arte?

ALCIBÍADES: No lo sé. Tú me confundes. Dices cosas que no son ciertas.

SÓCRATES: Yo no digo nada, eres tú quien habla. Yo sólo te estoy haciendo preguntas. Y tú dices que pretendes dar consejos sobre cosas que ignoras.

ALCIBÍADES: Eso no importa. En la Asamblea nunca se habla sobre lo que es justo o injusto.

SÓCRATES: ¿Por qué?

ALCIBÍADES: Porque todos creen saberlo, supongo.

SÓCRATES: ¿Y lo saben realmente?

ALCIBÍADES: Por lo que dijimos, creo que no.

SÓCRATES: ¿Y entonces, es sólo por meras opiniones sobre lo justo y lo injusto; opiniones que no parten de un verdadero saber; que se toman decisiones políticas, y un estado decide, por ejemplo, ir a la guerra?

ALCIBÍADES: (*Dudando.*) Puede ser. Quizás tengas razón, y sea bueno aprender esa ciencia. Dime, ¿puedes enseñármela tú?

SÓCRATES: Ya empezaste a aprenderla, Alcibíades.

ALCIBÍADES: No te comprendo.

SÓCRATES: El peor mal es la ignorancia. ¿Sabes tú lo que es?

ALCIBÍADES: El no saber.

SÓCRATES: No. Es el no saber que se cree saber. ¿Comprendes? Si crees saber algo sin saberlo, y das consejos sobre lo que ignoras, entonces te dañas a ti mismo y a los que en ti confían. Y así llegan las peores desgracias. Se hace el mal, porque se ignora el bien.

ANITO: (*Interesado.*) ¿Y tú crees que los que quieren ser hombres de Estado deben conocer esa ciencia?

SÓCRATES: Eso creo.

CRITIAS: ¡Tonterías! Ninguno de los que se ocupan de política sabe de eso, y cualquiera que hable bien puede ser superior a ellos.

SÓCRATES: Es lamentable lo que dices, joven Critias. El fin del ciudadano que se dedica a la política no debe ser superar a los demás ignorantes, sino llegar a ser digno de dirigir una nación.

ALCIBÍADES: Todavía no comprendo dónde está esa sabiduría, Sócrates.

SÓCRATES: ¿Has ido alguna vez a Delfos?

ALCIBÍADES: Sí. He estado tres veces.

SÓCRATES: ¿Recuerdas la inscripción que hay en el frente del templo?

ALCIBÍADES: Sí. "Conócete a ti mismo". (*Pausa.*) ¿Es ésa la respuesta?

SÓCRATES: No lo sé. Pero creo que por ahí hay que empezar. Empezar por saber qué somos, para luego saber cómo debemos vivir. Así, uno sólo hará aquello para lo que tiene capacidad y vocación, vivirá feliz y evitará los fracasos. Y lo mismo las ciudades que, si se conocen a sí mismas, evitarán tomar decisiones que pueden llevarlas a la ruina si son poderosas; a la esclavitud, si son libres. (*Se escuchan rumores y gritos.*)

CRITÓN: Alguien se acerca.

CRITIAS: Será el mensajero de Atenas.

ANITO: Sí, es Glaucón. Ven, aquí estamos, Glaucón.

MENSAJERO: (*Solemne.*) Debo avisaros, atenienses. La Liga de las Naciones concluyó sus deliberaciones. Esparta exigió que Atenas renuncie a su dominio sobre las pequeñas ciudades griegas. Atenas se negó. Esparta nos ha declarado la guerra.

(*Por un tiempo, quedan en silencio. Amanece, la luz se hace más clara.*)

CRITIAS: (*Ahogando un bostezo.*) Bueno, al fin se decidieron. Era hora.

SÓCRATES: (*A Querefón, que parece impresionado.*) ¿Qué te ocurre, Querefón?

QUEREFÓN: Tengo miedo, Sócrates.

CRITÓN: ¿Por qué?

QUEREFÓN: Por nosotros, por Atenas. (*Pausa larga.*)

ALCIBÍADES: ¡Por Baco, vamos! (*Se levanta de un salto.*) ¡Ya es el alba! Escuchen. (*Se oye el sonido de los cuernos.*) ¡Los de Potidea están saliendo! ¡Vamos! ¡A las armas, atenienses! ¡Ha empezado la guerra!

ANITO: Apúrate, Critón. Debemos llegar a nuestro regimiento. (*Salen. Querefón, Critias y el mensajero entran en la tienda. Sócrates está por irse, cuando Alcibíades lo detiene.*)

ALCIBÍADES: Sócrates...

SÓCRATES: ¿Si? (*Alcibíades vacila.*) ¿Quieres decirme algo?

ALCIBÍADES: Perdóname por lo de antes, por haberme burlado de ti. No te conocía. (*Le extiende la mano. Sócrates se la estrecha afectuosamente.*)

SÓCRATES: (*Lentamente.*) Cuídate de quienes te adulen, joven Alcibíades. Y acude a mí cuando quieras.

ALCIBÍADES: Lo haré. Si puedo. (*Entra en la tienda; Sócrates sale. Se escucha otra vez el sonido de los cuernos. Sale el sol. Empieza la batalla.*

II. *Banquete en el salón de una casa rica; columnas, tapices y pinturas murales. Los invitados están sentados o reclinados en canapés, de a dos en cada uno, bebiendo vino. En el centro, danza una bailarina, acompañada por un esclavo que toca la flauta. Cuando termina, los invitados aplauden y la pareja sale entre sus exclamaciones de aprobación.*

SÓCRATES: (*Volviéndose hacia Calías.*) ¡Realmente, Calías, qué bien nos tratas! Nos has ofrecido una cena deliciosa y un espectáculo extraordinario. ¿No os parece, amigos?

QUEREFÓN: Claro que sí. (*Los otros asienten.*)

SÓCRATES: (*Muy alegre.*) Y ahora, después de haber cantado, bailado y recitado poemas, sigamos con nuestra conversación; ya que tú, Calías, nos invitaste a Antifón y a mí para averiguar quién será el mejor maestro para tu hijo, ¿no es así?

CALÍAS: ¡Así es! (*A los esclavos.*) ¡Más vino, muchachos! ¡No os durmáis! ¡Ni dejéis que se duerman esas cráteras! (*Los esclavos sirven más vino.*) Sí, os invité porque quería escucharos y decidir así lo que haría.

ANTIFÓN: Extraña idea la de Calías, ¿no te parece, Sócrates? Y original.

SÓCRATES: Sobre todo extraña, Antifón; porque supone que tengo interés en ser el maestro del joven Hipónico.

CALÍAS: (*Extrañado.*) ¿Y acaso no es así? Sabes que te pagaría muy bien.

ANTIFÓN: (*Con sorna.*) No le hables de eso a Sócrates, Calías. ¿Acaso no sabes que no cobra por sus clases? Y a propósito, Sócrates, ya que tenemos la misma profesión, permíteme decirte que te aprecio, pero no puedo considerarte sabio.

SÓCRATES: ¿Por qué, Antifón?

ANTIFÓN: Tú no darías por nada tu túnica, tu casa, ni ninguna otra cosa que creas que tenga valor. Sin embargo, no cobras por tus lecciones. Entonces, es evidente que piensas que no valen nada. Por lo tanto, ya que no sabes nada de valor, no eres sabio. (*Algunos invitados ríen.*)

SÓCRATES: (*Sereno.*) Dime: ¿cómo llamas tú a los que comercian con su belleza, vendiendo su cuerpo según lo que se les pague?

ANTIFÓN: Digo que practican la prostitución.

SÓCRATES: Yo creo que hacen lo mismo quienes comercian con la sabiduría, vendiéndola según lo que se les pague. Para mí, el mejor pago es tener buenos amigos, porque eso es lo que son para mí los jóvenes que se dicen mis discípulos. Si sé algo de bueno se lo enseño a quien creo que podrá aprenderlo, sin que me importe el oro que lleve en su bolsa. De otro modo, no se educarían los más capaces, que son los que deben educarse, sino sólo los más ricos.

ANTIFÓN: No me convences. Verás, yo creía que los filósofos debían ser felices, pero al verte, comprendo que no es así. Tus comidas y bebidas son pobres; llevas la misma ropa en verano y en invierno. Entonces, si en lo tuyo pasa como en las otras profesiones, que los maestros hacen a los discípulos imitadores de sí mismos; creo que habría que llamarte maestro de infelicidad. ¿No te parece, Calías? (*Calías duda.*) ¿Qué, acaso querrías que tu hijo se parezca a Sócrates? (*Todos ríen; Calías, molesto, no sabe qué decir. Sócrates le palmea la espalda, divertido.*)

SÓCRATES: No te preocupes por contestar, Calías. (*A Antifón.*) Dime, Antifón; ¿no sabes que la mejor comida es la que se come cuando se tiene hambre, y la mejor bebida la que se bebe cuando se tiene sed? Te puedo asegurar que nadie tiene mejor comida y bebida que yo. (*Los otros ríen.*) Y lo mismo pasa con el resto. Ocurre que necesito menos que los demás, simplemente porque no soy esclavo de mis pasiones. Así soy feliz.

ANTIFÓN: (*Enojado.*) Esa es la felicidad de las piedras. La verdadera felicidad está en el placer, en tener muchos deseos y poder satisfacerlos.

SÓCRATES: ¿Eso crees?

ANTIFÓN: ¡Claro!

SÓCRATES: Entonces, díme: si una persona tiene sarna y se rasca, siente placer, ¿no es así? (*Antifón asiente.*) ¿Crees que si se pasa la vida rascándose vivirá feliz?

ANTIFÓN: ¡Qué preguntas absurdas haces!

SÓCRATES: Respóndeme.

ANTIFÓN: Está bien. Creo que si le pica y se rasca, puede vivir a gusto.

SÓCRATES: ¿Y ser feliz?

ANTIFÓN: ¡Claro!

SÓCRATES: ¿No crees que deberías pensarlo mejor? Pasarse la vida rascándose cuando se sufre una terrible picazón en todo el cuerpo, por más placentero que sea, no puede significar la felicidad. Y, por lo tanto, la felicidad no puede consistir en el placer, ¿no te parece? (*Antifón, furioso, indica al esclavo que le sirva más vino.*) Además, sobre lo que dijiste antes, y para información de nuestro amigo, nuestra profesión no es la misma. (*A Calías.*) A él le puedes enviar a tu hijo, Calías. Antifón enseña a los jóvenes que le pueden pagar a decir bellos discursos; los prepara para ganar éxito, fama y honores; ¿no es así, Antifón? Yo no me dedico a enseñar, Calías. Me dedico a la filosofía.

ANITO: ¿Por qué no dejas ya esa ironía, Sócrates? ¡Que un hombre de tu edad se dedique a la filosofía, descuidando sus obligaciones y exponiéndose a la burla de toda la ciudad, me parece a mí algo vergonzoso, ridículo y digno de golpes! ¿Para qué sirve la filosofía? Para nada.

SÓCRATES: (*Para sí.*) Afortunadamente.

ANITO: (*Sin escucharlo.*) ¡Sólo para pasarse la vida murmurando en algún rincón, y sin hacer nada de provecho!

SÓCRATES: (*Suave.*) ¿Tu hijo todavía no ha regresado a tu casa, Anito?

ANITO: ¡Mi hijo no tiene nada que ver! ¡Si no quiere trabajar en mi fábrica, que haga lo que quiera!¡Que se pase los días mirando el cielo! ¡No me interesa!

SÓCRATES: Pero me culpas por lo que ha hecho. No ves que él no quiere ser curtidor, sólo porque tú lo seas. No, tú deseas que tu hijo sea un ciudadano responsable. No un filósofo. Que se dedique a algo de provecho, que sea práctico. Práctico, la palabra de moda en Atenas.¿No es así, Anito? (*Anito se levanta un poco, como para lanzarse sobre Sócrates, pero Calías se lo impide.*)

CALÍAS: (*Suplicando.*) ¡Por favor, Anito..., Sócrates! Bastante mal están las cosas afuera para que nos peleemos también aquí. ¡Por favor!

SÓCRATES: Tienes razón; alcanza y sobra con la guerra.

ANITO: ¡Esta maldita guerra que no termina nunca! ¡Y los espartanos allá afuera, destruyendo los campos, quemando las cosechas! ¡Si pudiéramos salir! Pero no. Hay que aguantar aquí. Como si fuéramos ratas. La ciudad está llena de refugiados que no tienen dónde dormir. Atenas parece una gran pocilga. (*Ríe sin ganas.*) Recordáis lo que dijo Pericles el primer año, en su discurso? (*Imitándolo.*) "Luchamos por un modo de vida". Un modo de vida... (*Pausa.*) ¡Si pudiéramos salir a pelear, al menos! ¡Así no se gana una guerra!

SÓCRATES: Nunca se gana una guerra, Anito. Nadie gana una guerra. Aunque fuera por un modo de vida. Y ésta no lo es.

ANITO: (*Enojado.*) ¡No pretenderás decir que...!

CALÍAS:¡Por favor, no! No empecemos otra vez, amigos. Prometimos no hablar de la guerra esta noche, ¿recordáis? (*Todos asienten.*) ¡Hagámoslo, entonces! ¡Cierra esa ventana, esclavo! ¡Cómo gritan hoy las lechuzas! (*El esclavo lo hace.*) Pero ahora que recuerdo, antes de que bailara la muchacha, quedamos en que cada uno debía contar un mito. Todos lo hicimos, menos tú, Sócrates. ¿Es que tratabas de que lo olvidáramos? Ahora te toca a ti. (*Los otros asienten; Sócrates se levanta, va hacia los instrumentos dejados por los esclavos; toma una cítara, toca alguna melodía alegre y da unos pasos de baile. Todos ríen.*)

CALÍAS: (*Riendo.*) Me parece que esta noche nuestro Sócrates...

SÓCRATES: ¿Creéis que estoy borracho? No, no es eso. ¡Quién supiera bailar como esta muchacha! ¡No os riáis, esa es mi gran ambición! ¡Pero, miradme a mí, bailando! (*Ríe cordialmente. Después calla un tiempo.*) Es cierto. Me faltaba contar un mito. Voy a hacerlo. Imaginaos que nos encontramos en el interior de una oscura caverna. Aquí, contra una pared, están encadenados unos hombres por el cuello y por las piernas, de tal modo que sólo pueden mirar la pared que tienen enfrente. (*Toma una antorcha y retrocede.*) Aquí, detrás de ellos, hay un fuego, y por aquí... A ver, Querefón, ven con tu copa. (*Querefón lo hace.*) Levántala y pasa delante de mí. (*El joven lo hace.*) Veis, por aquí, como Querefón en este momento, pasan esclavos que llevan distintos objetos, como esta copa. De este modo, sobre la pared, los prisioneros sólo ven la sombra de esos objetos. ¿Veis la sombra de la copa? Y creen que las sombras son las cosas así como son. ¿Comprendéis? Quédate ahí, Querefón. ¿Y qué ocurre? Pues que un día, un prisionero rompe sus cadenas, se vuelve y ve el fuego y los objetos. Primero sufre, porque sus ojos no están acostumbrados y la luz los hiere, pero después comprende y está por gritar de alegría, cuando descubre un camino que lleva afuera de la caverna.

(*Sube una pequeña escalinata que se abre sobre el jardín ilumi-nado por la luna.*) Sale a la luz del sol y, después del primer deslumbramiento, ve todo el mundo así como es en realidad. Allá afuera, se arrodilla y bendice esa luz maravillosa. Después baja a la caverna. Se acerca a los otros prisioneros y les cuenta lo que ha visto. Ellos se ríen de él, y le dicen que por haber salido de la caverna ahora está ciego. El intenta quitarles sus cadenas. Pero, ¿sabéis lo que pasa? Ellos tratan de matarlo y difícilmente escapa de sus manos que lo hieren. (*Pone la antorcha en su lugar. A Querefón.*) Gracias, Querefón. (*El joven se sienta.*) Ese es el mito. Decidme: ¿qué creéis que debe hacer el que vio el sol? ¿Quedarse afuera, gozando de la luz; o tratar de liberar a sus hermanos, aunque arriesgue su vida a cada intento, ya que no ven sus cadenas?

QUEREFÓN: Debe arriesgarse. Sería hermoso que todos pudieran salir y ver el sol.

ANTIFÓN: Debería dejar que se pudran, y salir solo a disfrutar de su descubrimiento.

ANITO: ¿Qué quieres decir con ese mito, Sócrates? No lo comprendo.

SÓCRATES: He tratado de explicarte qué es la filosofía, Anito. La caverna es el mundo, nuestro mundo...; los prisioneros son los hombres; las cadenas son la ignorancia; las sombras son las apariencias que los hombres toman por verdades; el sol que brilla afuera es la verdad; y el prisionero que se libera, ve la verdad, y trata de liberar a los otros es el filósofo. ¿Entiendes? (*Se produce en este momento una gran algarabía; voces, gritos y golpes.*)

CALÍAS: Esclavos, id a ver qué pasa. (*Antes de que puedan salir los esclavos, entra Alcibíades seguido por unos amigos. Todos están borrachos; Alcibíades lleva un brillante manto morado, una corona de hiedra y violetas; y cintas en el cabello.*)

ALCIBÍADES: ¿Dónde estás, Calías? ¡Bravo! ¿Qué es lo que tenemos aquí? ¡No nos han engañado! ¡Gran banquete en la casa del millonario Calías! ¡Mientras Atenas se desangra o se aburre, he aquí a Atenas! Sócrates filosofa y estos buenos ciudadanos se emborrachan. Salud, amigos. ¿Hay lugar para nosotros, buen Calías? Claro que ya estamos borrachos, pero igual beberemos con vosotros. ¿Aceptáis?

CALÍAS: (*Contento.*) Pasa, pasa, Alcibíades. Acomodaos, amigos.

ALCIBÍADES: (*Sentándose cerca de Sócrates.*) Pero, señores, ¡si me parece que todavía estáis despabilados! ¡Eso no puede ser! ¡Bebamos! Traedme una gran copa..., ¡o no, esclavo! Traedme esa vasija, de ella sí que podré beber. (*El esclavo se la llena; Alcibíades bebe.*) Sírvele a Sócrates ahora, aunque esto no sirve de nada. Beba lo que beba nunca lo veréis borracho. (*Sócrates bebe alegremente.*) Tomará más que todos nosotros juntos, y a la mañana se levantará y se irá al gimnasio, lo más fresco, como si hubiera pasado la noche durmiendo en su casa. ¿No es cierto, Sócrates? (*Lo mira.*) ¡Querido Sócrates! Deja que te corone, elegido de Apolo. Tú eres el más hermoso. (*Le pone sus coronas.*)

SÓCRATES: (*Riendo.*) Vamos, deberías ir a dormir, Alcibíades.

ALCIBÍADES: No, yo quiero escucharte, maestro. Aunque ya no quieres enseñarme a mí, ¿eh? En un tiempo sí querías, ¿recuerdas? Pero después te enojaste. ¿Ves, Anito? Sócrates no me considera digno de ser su discípulo; y no hay ninguna cantidad de oro que haga que me acepte. ¿Quieres oro, Sócrates? (*Le arroja monedas. Sócrates sonríe.*) No, no es el oro. Es su voz la que lo debe aceptar a uno. Y su voz me ha rechazado. Y aquí está Anito, tu hijo, que quiere escucharlo, y Sócrates lo acepta, y eres tú quien no se lo permite y se enoja. ¿Cómo haces algo así, Anito? (*A uno de sus compañeros.*) ¿No has saludado a tu padre, joven Anito? Es que también estás borracho, claro. Todos borrachos en esta asquerosa ciudad. ¿Asquerosa? No, poderosa. Sí, poderosa. Todos menos Sócrates. (*Se vuelve hacia él.*) ¿Te he dicho que eres el único hombre que me hace sentir vergüenza? (*A los otros.*) ¿No lo sabéis? Cuando lo escucho empiezo a llorar, y siento que no debo vivir otro día de la manera en que lo hago. Por eso me escapo de su lado; así puedo disfrutar contento los honores que me rinde la muchedumbre. A veces, desearía que estuvieras muerto, ¿sabes?, pero sé que si eso pasara, sufriría mucho más. No, no sé qué hacer con este hombre. (*Bebe. A Calías.*) Pero, ¿es que no ofreces algún buen espectáculo a tus amigos, Calías? ¿Qué clase de simposio es éste?

CALÍAS: Espera. ¡Que venga la bailarina! (*Un esclavo sale.*) ¡Ya verás, Alcibíades! (*Todos se acomodan. Entra la bailarina con el esclavo. Al ritmo del tambor ella hace distintas figuras, jugando con media docena de aros. Todos observan, interesados. De pronto, el esclavo se interrumpe. Se para, rígido, suelta el tambor, se toma la garganta, tose dolorosamente, trata de hablar, pero no puede y cae al suelo. La bailarina se lanza sobre él, llorando. Todos se asustan. Alcibíades se acerca al esclavo y lo observa.*)

QUEREFÓN: ¿Qué le pasa?

CALÍAS: ¿Qué será?

ALCIBÍADES: (*Muy tranquilo, después de examinar al hombre.*) Sí, su piel arde. ¿Veis las manchas? Es la peste. (*Todos se levantan, asustados.*) ¿No lo sabíais? En toda la ciudad han aparecido apestados esta noche. Nuestro buen doctor Hipócrates aconseja que se queme todo lo sucio. ¿Os imagináis? Pronto toda Atenas será un gran basurero lleno de humo. (*Ayuda a levantarse a la bailarina.*) Vamos, muchacha, no llores. ¿Era tu marido?

BAILARINA: Sí.

ALCIBÍADES: Ahora está muerto. Alégrate. Ya no sufre. Y tú te vienes con nosotros. Seguiremos bebiendo, bailaremos, y nos haremos el amor. ¡Vamos, muchacha, esta noche hay que vivir, porque mañana estaremos todos muertos! (*Se vuelve hacia los invitados, con una reverencia.*) "Yo vuelvo a las tinieblas habitadoras del profundo. Y vosotros, ancianos, salud, y aún en estos males dad el alma a la alegría mientras el día luzca para vosotros; que las riquezas de nada aprovechan a los muertos". ¡Vamos! (*Sale riendo, llevando abrazada a la bailarina, seguido por toda su comitiva.*)

CALÍAS: ¿Qué haremos?

ANITO: Es la peste. Llamemos a Hipócrates.

ANTIFÓN: Hay que salir de la ciudad.

CALÍAS: Salgamos de aquí. Avisemos a las mujeres.

QUEREFÓN: ¡Hay que limpiar la ciudad! ¡Vamos! (*Va hacia la puerta.*) ¿Vienes, Sócrates?

SÓCRATES: Ve tú, Querefón. Yo saldré en seguida. (*Todos salen. Sócrates, sereno, se sirve una copa de vino. Observa al muerto. Entra Mirto, poniéndose el manto.*)

MIRTO: (*Mirando al esclavo.*) ¿Es la peste?

SÓCRATES: Sí. ¿No huyes?

MIRTO: No.

SÓCRATES: ¿No tienes miedo?

MIRTO: Nadie muere antes de su hora.

SÓCRATES: ¿Quién eres?

MIRTO: Mirto.

SÓCRATES: ¿La hija de Arístides?

MIRTO: Sí.

SÓCRATES: Tu padre era un hombre justo y respetado.

MIRTO: Yo lo respetaba.

SÓCRATES: Es natural. Era tu padre.

MIRTO: No lo respetaba porque fuera mi padre, sino porque era respetable.

SÓCRATES: ¡Bravo! Veo que piensas.

MIRTO: ¿Te molesta?

SÓCRATES: (*La mira largamente.*) No. ¿Vives aquí?

MIRTO: No. Sólo visitaba a la hija de Calías.

SÓCRATES: Te he visto observándonos del otro lado de las cortinas.

MIRTO: Escuché tu mito. ¿Crees que valga la pena bajar a la caverna y tratar de liberarlos? ¿Crees que lo merecen?

SÓCRATES: No lo sé. Pero hay que intentarlo.

MIRTO: Cuando el pueblo decidió el destino de mi padre, él estaba ahí, entre ellos. Al ir a votar, un ateniense le pidió que escribiera en su tablilla el nombre de Arístides, para votar por su destierro. Mi padre lo hizo, y le preguntó si conocía a ese Arístides. El ateniense le dijo que no, pero que estaba harto de escuchar que lo llamaran siempre el Justo.

SÓCRATES: No se puede hacer impunemente el bien. Tarde o temprano hay que pagarlo. Pero hay que intentarlo; a pesar de todo.

MIRTO: Ahora debo irme. (*Se dirige a la puerta.*) Adiós, Sócrates.

SÓCRATES: (*Se levanta.*) ¿Puedo acompañarte?

MIRTO: Esperaba que me lo pidieras.

SÓCRATES: (*Toma una antorcha.*) Vamos. (*Salen.*)

III. *Cerca del pozo. Critias está sentado, leyendo. Entra Sócrates.*

CRITIAS: Salud, Sócrates.

SÓCRATES: Salud, Critias.

CRITIAS: Pareces apurado. ¿Adónde vas?

SÓCRATES: Alcibíades está hablando en la Asamblea. Voy a escucharlo.

CRITIAS: ¿Tanto te preocupa lo que pueda decir?

SÓCRATES: No es eso. Afortunadamente, no hay nada nuevo que tratar.

CRITIAS: Entonces, ¿por qué no te sientas y hablamos? Hace mucho que no nos vemos. Puedes ir más tarde.

SÓCRATES: Está bien. (*Se sienta, contento. Pausa.*) Todavía no parece posible. Paz. Paz después de todos estos años. ¿Hace poco que volviste, no es así, Critias? Me dijeron que estuviste en Tesalia.

CRITIAS: Es cierto.

SÓCRATES: No puedes imaginarte lo que hemos pasado. ¡Pobre Atenas! ¡Todos los horrores de la guerra; todos los horrores de la peste! La ciudad llena de fogatas; las casas llenas de cadáveres. Fue terrible. Después murió Pericles. Pero las desgracias siguieron. Y ahora, por fin, todo ha concluido. Quizás no hay mucha tranquilidad todavía; pero nos acostumbraremos. Y, al menos, las puertas de la ciudad están abiertas.

CRITIAS: (*Seguro.*) Esta paz no durará.

SÓCRATES: ¿Qué dices? (*Lo mira largamente.*) ¿Tú has estado con Alcibíades estos días?

CRITIAS: ¿Por qué lo preguntas?

SÓCRATES: (*Se levanta.*) Debo irme ahora.

CRITIAS: ¿Entonces tienes miedo de lo que pueda decir Alcibíades?

SÓCRATES: Tengo miedo a tu influencia sobre Alcibíades. El es confiado y noble.

CRITIAS: ¡Bravo! Y yo soy vil y rastrero. ¿No quieres decir eso, Sócrates? Anda, dilo. Lo estás pensando.

SÓCRATES: No quería creerlo, pero debe ser cierto. Me contaron sobre tus "hazañas" de guerra, antes de que te enviaran a Tesalia. Me contaron sobre el día en que cegaste a dos prisioneros, después de hacerles cortar la mano derecha, al buen uso ateniense. Y que lo hiciste personalmente. ¿Es cierto, no es así?

CRITIAS: Eran unos sucios esclavos vendidos a los espartanos. ¡Basura! ¿Te molesta tanto, amigo de la humanidad?

SÓCRATES: Tú estás enfermo. Además, siempre odiaste al pueblo, casi tanto como envidias a Alcibíades. (*Da unos pasos para irse.*)

CRITIAS: ¿No intentas ya salvar mi alma?

SÓCRATES: Me contentaré con salvar a los que tú quieres destruir.

CRITIAS: Nunca me quisiste a tu lado. Nunca me aceptaste como discípulo. No creas que me importa. He tenido buenos maestros. Aunque tú te has hecho famoso últimamente. En mis viajes he encontrado a muchos jóvenes que hablan de ti y sólo piensan en venir a Atenas a escucharte. (*Sócrates se aleja; Critias se levanta de un salto y se interpone en su camino.*) ¿Es que no vas a hablarme como acostumbras con todos?, ¿incitarme a cambiar? ¿Por qué lo haces con cualquiera y no conmigo?

SÓCRATES: (*Se vuelve lentamente.*) Estás enfermo, Critias. Y no eres el único. La guerra nos ha hecho un terrible daño. Muchos jóvenes han olvidado lo que significa ser un ateniense; lo que son el deber, el honor, el amor a la patria, y el respeto a la ley.

CRITIAS: (*Ríe con dolor.*) No me hagas reír, Sócrates. Honor, deber, virtud y todo el resto que enseña el padre Homero; ¡eso lo tenían nuestros padres, nuestros abuelos! Ellos tuvieron un mundo justo y ordenado; un mundo heroico. Pero, ¿qué nos dejaron a nosotros? Un mundo quebrado, un mundo absurdo, donde no sobrevive el que tiene razón sino el más fuerte, como entre los animales. Un mundo donde lo que importa es tener más que el vecino, el de la casa de al lado; el de la nación de al lado. Y tú hablas de virtud, Sócrates; y de honor y deber y justicia. ¿No comprendes que todo eso está pasado de moda? ¡Virtud! ¡Bah, estás loco!

SÓCRATES: Virtud, justicia y honor hicieron nuestro mundo, Critias. Sin ellos vamos al desastre.

CRITIAS: ¿Y eso te sorprende?

SÓCRATES: No podemos permitirlo. Si Grecia muere será porque nosotros la matamos. No podemos permitirlo, Critias.

CRITIAS: No vale la pena preocuparse tanto. Ya estamos perdidos. En realidad, lo mejor sería terminar cuanto antes.

SÓCRATES: ¿Y nuestros hijos? ¿No piensas en ellos, en su futuro?

CRITIAS: Yo no tengo hijos. También eso es algo anticuado, mi querido Sócrates. ¡Por Baco! ¿Es que todavía no has comprendido que se acabó la alegría de tener hijos, que eso también está pasado de moda? ¿Para qué tenerlos? Para que sufran hambre, para que mueran de peste, o en cualquiera de las guerras absurdas que se sucederán hasta que este ridículo astro nuestro estalle en miles de pedazos podridos?

SÓCRATES: Estás muy solo, Critias.

CRITIAS: Todos estamos solos, Sócrates. Ya no hay familia, ni patria, ni dioses, ni héroes. Somos sobrevivientes de un pasado glorioso..., y enterrado. (*Sócrates niega con la cabeza.*) ¿Por qué no quieres reconocerlo? ¡Míranos a nosotros, la juventud dorada, los hijos de las buenas familias! ¡Huele! ¿Te repugna este perfume, verdad? Ya lo sé. Eso es lo que somos, despojos perfumados de un pasado muerto, restos sin futuro. (*Pausa.*) En nuestras escuelas se sigue enseñando a Homero, y muchos se lo saben de memoria. Homero y sus héroes, Aquiles y su virtud. Pero no creen ni una palabra de lo que recitan. ¡Héroes! ¿Cómo se puede ser héroe sin dinero para carros, para caballos? Son los Anito y los Critón los que tienen dinero y hablan todavía de heroísmo..., ¡esos sucios plebeyos enriquecidos! Son ellos los que hablan de patria, y de democracia, sólo para molestarnos. Nos odian. ¿Es que no lo ves? La guerra está aquí, entre nosotros. No es sólo Esparta. Es toda Grecia. La nuestra es la edad del odio; de la lucha por dominar al otro. ¡Y tú pretendes enseñarnos a vivir con justicia, mi pobre maestro de virtud! Ve, ve a la Asamblea, háblales. Nadie te escuchará. (*Vuelve a sentarse. Sócrates, interesado, se le acerca.*)

SÓCRATES: No es cierto. No somos animales. Dejamos de serlo cuando aceptamos la ley y el derecho. Ya lo dijo Hesíodo. Pensamos, tenemos conciencia. No es el derecho del más fuerte el que debe dirigirnos, sino la razón y la justicia. Atenas es un pueblo libre, donde todos somos iguales.

CRITIAS: Otra vez te equivocas, pobre amigo mío. No somos iguales. La naturaleza nos ha hecho distintos. Sólo la ley habla de igualdad. ¿Sabes por qué? Porque la ley ha sido hecha por los inferiores, por la masa que quiere atemorizar y dominar a los superiores. Pero eso no puede ser. Los superiores nacen para mandar. Es justo que el superior domine al inferior y que tenga más que él. Por eso el hombre superior desprecia las leyes y llega a ser el señor de los otros, el pastor del rebaño. Para eso ha nacido; así como el rebaño nació para obedecer.

SÓCRATES: ¿Aunque el pastor no sepa adónde lleva su rebaño? ¿Aunque no le importe lo que les ocurra? ¿Aunque los odie?

CRITIAS: Aún así. Es superior. (*Se miran un tiempo; de pronto, llega Critón, muy agitado.*)

CRITÓN: ¡Sócrates, Sócrates, ven pronto!

SÓCRATES: ¿Qué ocurre?

CRITÓN: Nadie sabe lo que ha pasado. ¡Es espantoso! Alcibíades ha convencido a la Asamblea para que se declare la guerra a Siracusa.

SÓCRATES: (*Asombrado y espantado.*) ¿Qué dices?

CRITÓN: Afirma que si se conquista la isla de Sicilia, después se podrá dominar todo el mundo. Y los convenció. Todos están como enloquecidos. Ven. Quizás todavía puedas hacer algo. Si hubieras estado ahí, quizás Alcibíades se hubiera detenido. Eras el único que lo podía contener. Pero, ven, ven, por favor. (*Se escucha un griterío que se acerca.*)

SÓCRATES: ¡Es una locura! Esparta no callará que se quebranten así las condiciones de paz. Comprenderá que esto es una amenaza para Grecia. Nos aniquilarán.

CRITÓN: Ven pronto. (*Corre hacia afuera.*)

SÓCRATES: (*Sereno, a Critias.*) Siempre simpatizaste con Esparta, ¿no es así? (*Critias lo mira fijamente, burlón.*) ¡Y pudiste convencer a Alcibíades de algo como esto! ¡Qué ciego! (*Pausa.*) Nos llevas al desastre.

CRITIAS: Cuando Atenas esté en ruinas, habrá llegado mi hora. Y este pueblo sin amo volverá a tener un pastor. Verás qué feliz es cuando se lo apalea.

SÓCRATES: ¿Tú serás su pastor?

CRITIAS: Cuando la desgracia los haya agotado, me pedirán de rodillas que me encargue de todo.

SÓCRATES: Y tú vendrás.

CRITIAS: Sí.

SÓCRATES: ¿A vengarte?

CRITIAS: A hacerlos felices. Ya te lo dije.

SÓCRATES: Te compadezco, Critias. Harás mucho daño a Atenas; pero no se comparará con el que te haces a ti mismo.

CRITÓN: (*Asomándose.*) Vamos, Sócrates. Apúrate, amigo mío. (*Sigue el griterío, cada vez más cerca. Sócrates sale. Se escuchan cantos guerreros.*)

CORO: - ¡A Sicilia! ¡A conquistar Sicilia!
   - ¡A preparar las naves!
   - ¡ Abajo Siracusa!
   - ¡Viva Atenas! ¡Viva! ¡Viva!

(Critias toma su libro; de pronto empieza a reír y, por un tiempo, se escuchan sus sórdidas carcajadas sin alegría.)

IV. *El Ágora. Los puestos están casi vacíos. De vez en cuando se ve pasar a algunos atenienses, deslizándose temerosos y tristes, mirando con desconfianza hacia todos lados. La mayoría de los hombres y mujeres llevan túnicas negras de duelo. A un lado, Sócrates. Bajo un pórtico, un anciano ciego se apoya en un muchacho.*

ANCIANO: No, las aguas del Asinaro no volverán a su color.
Rojas quedarán para siempre,
rojas por la sangre ateniense
que la desgracia allí derramó.
Rojas para que no se olvide el día,
en que Atenas la flor de sus hijos perdió.

Miles de piedras nos hieren,
las flechas de los siracusanos llueven sobre nosotros,
pero la sed nos enloquece, y nos lanzamos al agua.
¿El río? ¿Dónde está el río Asinaro? ¡No se ve el agua!

Sólo hay cadáveres, despojos y sangre.
¡No bebáis! ¡Estáis bebiendo sangre ateniense!
¡Nuestra sangre!
Pero no dejamos de beber, entre gritos, lágrimas
y maldiciones.

¡Allí están! ¡Ahora se lanzan contra nosotros!

¡Cortan! ¡Degüellan!
¡Mis ojos! ¡Mis ojos!
¡Sus caballos nos echan a unos sobre otros!
¡No! ¡No!
Ya está. Nicias se ha rendido.

¡Oh, dolor de Atenas prisionera!
¡Oh, dolor de Atenas torturada!
¡Oh, dolor de tus hijos esclavizados!

"Llora la patria su juventud muerta;
la flor de su tierra ha desaparecido".

"Toda una generación entera, de miles y miles de
hombres, ha perecido".
"¡Ay, ejército insigne!
¡Cayó miserablemente la nación reina...!
¡Cayó postrada de rodillas!"

(*El muchacho ayuda al anciano a sentarse en la escalinata donde queda como adormecido.*)

SÓCRATES: (*Al muchacho.*) ¿Es tu padre?

MUCHACHO: No, es mi abuelo.

SÓCRATES: ¿Cómo te llamas?

MUCHACHO: Fedón, hijo de Glaucón.

SÓCRATES: ¿Glaucón, del barrio de Acarnas? (*El muchacho asiente.*) Conozco a tu padre. Y tu abuelo es Aristipo, claro. Me parecía conocerlo, aunque está muy cambiado. ¿Dónde está tu padre ahora?

FEDÓN: Murió en el combate de las Arginusas.

SÓCRATES: Lo siento. Debes consolarte. Cumplió con su deber.

FEDÓN: (*Con sorna.*) ¿Cumplió con qué?

SÓCRATES: Con su deber.

FEDÓN: ¿Y eso qué es? No me hagas reír.

SÓCRATES: No debes hablar así. Ya sé que esto es duro. Pero pronto terminará. Hay que tener valor.

FEDÓN: ¿Valor? ¡Bah! Yo tengo hambre.

ANCIANO: "Valor...; debéis tener valor, soldados de Atenas. Volveréis; yo os prometo que volveréis"; y "los que sois atenienses de nación, levantaréis la honra y dignidad de nuestra ciudad por muy caída que esté, porque los hombres son la ciudad, no los muros; ni tampoco las naves sin hombres". ¿Escuchas, Fedón? Eso nos dijo el general Nicias la última tarde, antes de morir. "La dignidad de una ciudad está en sus hombres". (*Se inquieta.*) ¿Dónde estás, hijo mío?

FEDÓN: Aquí estoy, abuelo.

ANCIANO: ¿Hablabas con alguien?

FEDÓN: Sí, con Sócrates, abuelo.

ANCIANO: ¿Sócrates? Ah, sí. El elegido de Apolo. Escúchalo, hijo. Muchas veces me dio buenos consejos. Y también a tu padre. Pero, dime: ¿por qué está tan callada la Ágora? ¿Dónde están todos?

FEDÓN: Están ahí, como siempre. Lo que pasa es que estamos lejos. Hay demasiada gente. Es difícil acercarse.

ANCIANO: (*Contento.*) ¡Claro! Ya me imagino. Deben haber llegado naves de Fenicia y de Egipto. Los puestos deben estar repletos de objetos hermosos, y todos quieren ser los primeros en comprarlos. Puedo verlo. (*Feliz.*) Atenas, no hay una ciudad más grande ni más alegre en el mundo, hijo mío. Agradezcamos a los dioses por habernos hecho nacer aquí. En este lugar tienes al mundo entero, los más bellos productos de todas las tierras griegas y bárbaras están aquí, para nosotros. (*Se levanta, feliz.*) Ahora están pasando dos vendedoras de tortas...; la menor ofrece miel, ¡dorada miel del Himeto! ¡Qué bien huelen esas tortas! La otra está cantando. Hay flores y cintas en sus trenzas, ¿no es cierto, Fedón?

FEDÓN: (*Mira a Sócrates y se encoge de hombros.*) Sí, abuelo.

ANCIANO: (*Se apoya en Fedón.*) Acerquémonos, hijo. Así me contarás. (*Van saliendo.*) "Oh, resplandeciente, coronada de violetas, fundamento de Grecia; magnífica Atenas, ciudad divina". (*Se cruzan con Anito, que llega apurado.*)

ANITO: Te buscaba, Sócrates.

SÓCRATES: ¿Qué quieres?

ANITO: Dicen que ya se ha firmado el tratado con Esparta.

SÓCRATES: ¿En qué condiciones?

ANITO: Las peores. Lo perdemos todo, las naves que todavía quedan, las fortificaciones y...

SÓCRATES: ¿Los muros? (*Anito asiente.*) No.

ANITO: No hay tiempo que perder. Los espartanos entrarán pronto. Y después, ya sabes, la tiranía. Critias ha pactado con ellos.

SÓCRATES: Sí, puede ser, aunque... No sé. No sé.

ANITO: No hay tiempo, Sócrates. Nos vamos ahora. Ven con nosotros.

SÓCRATES: ¿Adónde?

ANITO: A Tebas. Armaremos un ejército y volveremos a liberar la ciudad. ¿Vienes?

SÓCRATES: No. (*Se miran fijamente.*) ¿No comprendes, Anito? Si pasa lo que tú dices, es necesario quedarse.

ANITO: Debí imaginarlo. No te importa la libertad de Atenas, no te importa la democracia, simpatizas con los espartanos. Eres como esos sofistas vendidos que...

SÓCRATES: (*Se levanta de un salto.*) ¡Anito! (*Se miran un tiempo.*) ¿Por qué no vistes luto por tu hijo? ¿Por qué no rasgaste tu túnica ni hubo ceniza sobre tu cabello, Anito? ¿Cómo puedes negarlo así?

ANITO: (*Sereno.*) Yo tenía un hijo que era mi esperanza. Murió cuando niño.

SÓCRATES: ¡Qué ciego estás, Anito! ¡Peor que si las flechas de los siracusanos te hubieran vaciado también los ojos en el Asinaro, como al viejo Aristipo! (*Pausa*.) ¿Es que todavía necesitas buscar culpables? ¿Quién aprobó esta maldita campaña a Sicilia, Anito? ¿Por qué te empeñas en negar los errores del pueblo? Atenas no quiso creer en tanta desdicha, ¿recuerdas? No quiso creer, pero lloró por sus hijos muertos, torturados, esclavizados. Después, nuestros aliados nos abandonaron, uno por uno, como se abandona a un gran animal agonizante. Esparta aprovechó nuestra debilidad, atacó, y ahora todo ha terminado.

ANITO: Alcibíades tiene la culpa. ¡Ese miserable traidor! El fue tu discípulo. ¿O lo has olvidado?

SÓCRATES: El sólo quiso lo mejor para Atenas, lo que creyó que era lo mejor; lo que todos creyeron que era lo mejor: el poder. Lo que sólo yo no creí lo mejor, y eso nunca me lo perdonarán. Día y noche hablé para evitar esa campaña absurda, y después, para no seguir peleando con Esparta, pero no me oyeron. También tu hijo lo intentó. Habló de paz en esta Ágora envenenada por la derrota y la sed de venganza, y unos soldados enloquecidos lo mataron a pedradas aquí, en esta hermosa plaza llena de honestos ciudadanos. Si yo hubiera estado aquí ese día, habríamos sido dos los muertos, y ya no tendrías a quién odiar, Anito. ¿Recuerdas?, esa fue la noche del eclipse. Muchos sintieron miedo entonces, y quizás también vergüenza. Mataron a tu hijo por amar la paz. Lo mataron por amar a Atenas. ¡Y tú lo niegas ahora en lugar de estar orgulloso de él! ¡Y me culpas por tu desgracia! Estás ciego, Anito; ciego. (*Antes de que Anito pueda contestar, se escucha el rumor de gritos y voces; por un lado entra el heraldo, seguido por muchos atenienses. También entran Querefón, Critón, el anciano y Fedón. Todos rodean al heraldo, que se detiene en el centro.*)

HERALDO: ¡Hombres de Atenas! ¡Ciudadanos! (*Su voz tiembla.*) Atenas se ha rendido. Nuestros delegados han firmado el tratado con Esparta. Estas son las condiciones. (*Lee.*) Atenas entregará todas sus posesiones y la flota entera, menos doce naves. (*Murmullos de la muchedumbre.*) Atenas prometerá ser aliada de Esparta y obedecer a su gobierno.

ATENIENSE: Los dioses nos protejan. (*Muchos lloran calladamente.*)

HERALDO: Serán destruidos los muros de Atenas y todas las fortificaciones del Pireo. (*Un tiempo de silencio; algunos gimen, las mujeres lloran, los hombres alzan sus puños al cielo.*) Atenas se ha rendido. (*Su voz se quiebra.*) Ha terminado la guerra.

ATENIENSE I: ¡Infames!

ATENIENSE II: Quieren destruirnos.

ATENIENSE III: No lo conseguirán.

SÓCRATES: (*Cerrando los ojos, con esfuerzo.*) "La dignidad de una ciudad está en sus hombres, no en sus muros".

ANITO: (*Muy serio.*) Volveremos a levantarlos. Lo juro.

HERALDO: (*Saliendo; seguido por la gente, salvo Fedón y el anciano que quedan a un lado.*) ¡Hombres de Atenas! (*Sale; se escucha su voz desde lejos.*) ¡Ciudadanos! (*Querefón y Critón se acercan a Sócrates y Anito.*)
QUEREFÓN: ¡Debemos irnos ya! Los espartanos están por entrar.

SÓCRATES: Yo me quedo.

QUEREFÓN: No puede ser, maestro, tú...

SÓCRATES: Mi deber está aquí, en Atenas.

CRITÓN: Pero ya sabes lo que hará Critias. Será una tiranía sangrienta.

SÓCRATES: Con más razón. (*Recita.*) "No abandonemos en la desgracia lo que más amamos en el mundo". (*Pausa.*) Lo realmente difícil no es irse. Es quedarse.

QUEREFÓN: Si te quedas, traicionas nuestra causa. No comprendo.

ANITO: Ya comprenderás. Tu maestro te dará muchas sorpresas. ¿No recuerdas que Critias fue su discípulo?

SÓCRATES: Critias no es discípulo de nadie. Sólo se escucha a sí mismo. Como tú.

ANITO: (*Empujando a Querefón.*) Vamos, muchacho. (*A Critón.*) Vamos.

QUEREFÓN: (*A Sócrates, con esfuerzo.*) Adiós, maestro. (*Salen.*)

CRITÓN: ¿Qué te pasará? Critias te odia.

SÓCRATES: (*A Fedón, que está cerca.*) Pareces contento, muchacho. ¿Te alegra que haya terminado la guerra?

FEDÓN: ¡Claro! Habrá pan.

CRITÓN: (*Enojado.*) ¿Y no te importa que seamos mandados por los espartanos?

FEDÓN: (*Se encoge de hombros.*) Yo tengo hambre.

CRITÓN: (*A Sócrates, que mira con atención al muchacho.*) Decídete. ¿Vienes con nosotros?

SÓCRATES: (*A Fedón.*) ¿Cómo dijiste que te llamas?

FEDÓN: Fedón.

SÓCRATES: (*A Critón, sin dejar de mirar a Fedón.*) Me quedo, Critón.

CRITÓN: ¿Es la voz?

SÓCRATES: Sí. (*Critón se va. A Fedón, que ha hecho levantarse al anciano.*) ¿Ustedes van para Acarnas?

FEDÓN: Sí.

SÓCRATES: (*Arreglándose la túnica.*) ¡Qué casualidad! Yo voy para el mismo lado. Podremos conversar un poco, Fedón. ¿Quieres? (*El muchacho se encoge de hombros y toma de la mano al anciano. Empiezan a salir.*) Ya verás, muchacho. Seremos muy buenos amigos. Ya verás. (*Mientras salen lentamente, se escuchan golpes como de los martillos que derriban los muros.*)
ANCIANO: (*Contento.*) "¡Oh, resplandeciente; coronada de violetas; fundamento de Grecia; magnífica Atenas, ciudad divina!"

V. *Las ruinas de los muros. Entre los grandes peñascos caídos, está Sócrates. A su lado, un ateniense. Más allá, con un rollo de papiro en sus manos, Fedón.*

ATENIENSE: (*Imperioso.*) Critias te espera. Si te sigues demorando se disgustará. Ya sabes lo que eso significa.

SÓCRATES: (*Muy tranquilo.*) Si Critias quiere verme, que venga. Aquí estaré.

ATENIENSE: ¿Lo estás haciendo a propósito, Sócrates?

SÓCRATES: ¿Qué?

ATENIENSE: Todos lo dicen. Nadie lo entiende. Te negaste a cumplir la orden de los Treinta de matar a León de Salamina. Nadie comprende cómo es que Critias no te ha hecho ejecutar. Al principio, creíamos que estabas con él, pero...

SÓCRATES: ¿Pero qué?, concluye.

ATENIENSE: Estas últimas semanas, es claro que lo estás provocando. Discutes sus decisiones, te burlas de sus medidas. Llamas a todos a opinar sobre lo que pasa, cuando sabes que está prohibido que se hable de los asuntos públicos. Y enseñas, aunque sabes que está prohibido dar clases a los jóvenes.

SÓCRATES: (*Lo observa atentamente.*) ¿Sabes? Has engordado últimamente, Filemón. Parece sentarte bien estar al frente de la fábrica de Anito, de tu "amigo" Anito, ¿no es así? Suerte que Anito está en el exilio; de estar aquí habría muerto ya, al menos, si de ti hubiera dependido. Sí, estás gordo, muy gordo, Filemón.

ATENIENSE: ¿Qué quieres decir?

SÓCRATES: Nada. La traición es rendidora en Atenas. ¿O será falso lo del oro que cobraste por denunciar a tus amigos demócratas?

ATENIENSE: (*Amenazador.*) Ten cuidado, Sócrates. Me ofendes.

SÓCRATES: ¡Bravo! ¿Todavía puedes ofenderte? Eso es bueno.

ATENIENSE: Calla, porque si no...

SÓCRATES: ¿Si no, qué? ¿Me denunciarás? Ya está hecho. Desde que llegaron los espartanos, mi nombre está en la lista. ¿Crees que no lo sé? (*Se levanta, enojado.*) Largo de aquí, ¡cobarde perro traidor! ¡No pasará mucho antes de que estés lamiendo el piso ante la Asamblea del Pueblo, pidiendo de rodillas que no te maten! ¡Pero ahora, ve, ve con tus amigos espartanos a burlarte de nuestra Constitución! ¡Fuera! (*El otro va a protestar, pero Sócrates alza su bastón y el ateniense escapa.*) ¡Canalla! ¡Cobarde canalla! (*Queda un momento ensimismado; luego recuerda a Fedón, que lo está mirando. Contento.*) Ah, Fedón..., ven, hijo mío. (*El muchacho se acerca.*) ¿Dónde estábamos?

FEDÓN: (*Señalando.*) Aquí.

SÓCRATES: Bien. (*Se acomoda.*) Vuelve a leerlo. Despacio, muy despacio, para apreciar toda su belleza.
FEDÓN: (*Lee.*) "¿Por ventura brillan en sus manos el arco y las flechas?
-Jamás. Pelean con lanza, de cerca y a pie firme, y cubiertos por el escudo.

-¿Quién es su rey, y el señor y caudillo de su ejército?
-No se dicen esclavos ni súbditos de ningún hombre".

SÓCRATES: (*Lo interrumpe.*) ¡Eso! Ni esclavos ni súbditos. ¿Entiendes eso, Fedón? ¿Puedes explicármelo?

FEDÓN: (*Dudando.*) Dice que los atenienses no son esclavos, que son libres. Eso creo.

SÓCRATES: Bien. ¿Y por qué se asombra tanto la reina persa de que estos atenienses no se consideren súbditos de ningún hombre?

FEDÓN: Porque ella es una reina, creo..., y su hijo es el rey. Y entonces todos los otros persas deben obedecerle. ¿No será eso?

SÓCRATES: Por ahí andas bien, sí. Lo que asombra a la gran reina Atosa, es que cada ateniense es como un rey, ¿entiendes? Y es cierto. Eso es lo que dice nuestra Constitución. Cada ateniense es un hombre libre, un ciudadano igual en derechos a todos los demás, y que sólo debe obedecer a las leyes y a los hombres que libremente y según las leyes, sean elegidos por todos para dirigir el país. (*Aparece Critias, que se detiene y escucha. Sócrates lo ve, pero prosigue, alzando un poco la voz.*) Por eso hay que educarse, Fedón, para ser un ciudadano responsable; para que nunca en Atenas mande la voluntad de uno, o de unos pocos, sino la voluntad de todos, así como se expresa en las instituciones del pueblo. ¿Comprendes?

FEDÓN: Sí. (*Vuelve a leer, con interés.*) "No se dicen esclavos ni súbditos de ningún hombre". ¡Claro!

CRITIAS: (*Se adelanta.*) ¡Salud, Sócrates!

SÓCRATES: Salud.

CRITIAS: Necesito hablarte.

SÓCRATES: (*A Fedón.*) Baja a la ciudad, Fedón. Sigue leyendo y anota lo que no entiendas. Luego conversaremos, ¿quieres?

FEDÓN: Sí, maestro. (*Sale.*)

CRITIAS: ¿No sabes que está prohibido enseñar a los jóvenes, Sócrates?

SÓCRATES: ¿Y eso, qué? Yo no enseño nada.

CRITIAS: (*Sonríe.*) ¿Qué estabas haciendo recién con el joven Fedón?

SÓCRATES: Leíamos a Esquilo, nuestro viejo Esquilo. ¿Es eso enseñar?

CRITIAS: Bueno, mis compañeros están muy enojados por tus actividades. Pero tú sabes que yo no temo a tus palabras. Ni a las del viejo Esquilo.

SÓCRATES: ¿Qué quieres, Critias?

CRITIAS: Mal has tratado a mi mensajero, Sócrates. Está furioso.

SÓCRATES: Es natural. Le dije lo que era: una sucia serpiente.

CRITIAS: (*Sentándose.*) Necesito tu ayuda, Sócrates. Escúchame. Sabemos que Anito y sus amigos han salido de Tebas con su gente. No conocemos la fecha en que atacarán ni cuál es el número real de sus fuerzas. Han matado a todos nuestros espías. Sé que Critón es tu amigo, y Querefón, y también los hermanos Simmias y Cebes, que les han dado dinero y armas. Tú puedes conseguirme esos datos, Sócrates. Ellos no sospecharán de ti. Tendrás lo que quieras: casas, joyas, oro, poder. ¿Qué me dices? Pon un precio.

SÓCRATES: (*Se levanta y da unos pasos en silencio .Después se vuelve hacia él.*) ¿Recuerdas los días en que hiciste derribar estos muros?

CRITIAS: No fui yo. Fueron los espartanos. Eran sus condiciones.

SÓCRATES: Tú estabas con ellos; todavía puedo verte, a su lado. Sus túnicas rojas se agitaban con el viento; y sus bocas reían; ¡cómo reían mientras los muros caían en pedazos! Y también tú reíste, Critias. Yo te vi. "Queridos amigos, nuestros salvadores", los adulabas tú, y ellos reían, mientras las bailarinas danzaban y las flautistas que trajeron hacían sonar alegremente sus instrumentos, para que toda Atenas se divirtiera con la gran fiesta. Pero Atenas lloraba mientras ellos reían. Y también tú reíste, Critias. Yo te vi.

CRITIAS: Valió la pena. Se acabó la guerra. ¿No era eso lo que tanto deseabas? Hay orden ahora en Atenas. Paz.

SÓCRATES: La misma muerte es preferible a esta paz. La paz del terror, del deshonor y de la traición. La paz de la esclavitud y del miedo.

CRITIAS: Más adelante serán felices. Ahora tienen que aguantar.

SÓCRATES: Nadie tiene derecho a hacer sufrir a nadie, para luego hacerlo feliz. Nadie tiene derecho a imponer a otro una idea de cómo se debe vivir. Ninguna felicidad futura puede justificar un presente de esclavitud y de miseria. (*Pausa larga.*) ¿Pero, sabes, Critias? En este tiempo he comprendido algo. Los muros se pueden volver a construir. La ciudad son los hombres, no los muros, dijo Nicias.

CRITIAS: Nicias era un estúpido.

SÓCRATES: Nicias era un hombre honrado. Y tú..., sólo eres un mal pastor.

CRITIAS: ¿Qué quieres decir?

SÓCRATES: ¿No recuerdas? El pueblo es un rebaño, necesita un pastor, dijiste. En tus ocho meses de gobierno, miles de ciudadanos han sido ejecutados, por sus ideas o por quitarles su dinero; cientos han huido...; tus ocho meses han costado más vidas a Atenas que diez años de guerra. ¿No crees que un pastor que disminuye así su rebaño no es precisamente un buen pastor, sino uno malo e incompetente?

CRITIAS: Dime tu precio, Sócrates. Todo hombre tiene un precio.

SÓCRATES: También yo lo tengo.
CRITIAS: Dímelo. Te daré lo que pidas.

SÓCRATES: La libertad de Atenas.

CRITIAS: ¡Sócrates, Sócrates, es posible que todavía sigas tan ciego! ¡Los atenienses no quieren ser libres! A pesar de su odio, me aman a mí más que a ti, porque soy como ellos. Soy lo que ellos desean ser. Y no les ofrezco lo que más temen: esa libertad que tú pides. El pueblo quiere al que le ayuda a ocultarse. Ama a los fabricantes de máscaras. Y tú, mi pobre Sócrates, sólo les ofreces un espejo. ¿Es que no comprendes que no quieren verse? Huyen de ti, lo he visto. No sé cómo no te han llevado todavía a un tribunal para sentenciarte a muerte. ¡Libertad! No sabes lo que pides. (*Ríe sin ganas.*)

SÓCRATES: Atenas ha crecido libre. Un pueblo que ha conocido casi un siglo de libertad no podrá olvidarla jamás; nunca será subyugado.

CRITIAS: ¿Entonces, no nos ayudarás?

SÓCRATES: Sabes la respuesta.

CRITIAS: Te daré este día para que lo pienses. Si no tengo tu respuesta a medianoche, prepárate. Morirás al alba. (*Se levanta.*)

SÓCRATES: Estaré preparado, Critias.

CRITIAS: (*Señalando al cielo.*) Mira; ¡una lechuza! ¿Quieres que apostemos sobre la dirección que va a tomar?

SÓCRATES: No puedo apostar. No sería honesto. Hay una sola dirección posible.

CRITIAS: Yo creo que al menos hay dos, como siempre.

SÓCRATES: No, una sola es la debida. (*Se levanta; se miran largamente. Llega Mirto, que parece sorprendida al ver a Critias.*)

CRITIAS: Salud, hija de Arístides.

MIRTO: Salud, hijo de Callescrus. (*Critias sale. Mirto se acerca a Sócrates, que la toma de la mano y la hace sentar.*)

SÓCRATES: (*Mirándola intensamente.*) Será mañana.

MIRTO: (*Emocionada, pero serena, después de un tiempo.*) Al venir, he visto una bandada de golondrinas. Llega la primavera. (*Pausa.*) Hubiera querido tener un hijo tuyo.
SÓCRATES: (*Le besa la mano.*) Había una rosa en tu cabello la noche del banquete en lo de Calías. Una rosa blanca. Estabas hermosa. (*Quedan un tiempo en silencio.*) ¡Cómo ha cambiado Atenas! ¡Tanta traición! ¡Tanto miedo!

MIRTO: Tanto cansancio, amigo mío. Atenas está cansada.

SÓCRATES: ¿Cómo pueden aceptarlo, Mirto? ¿Cómo pueden fingir así? ¿Cómo pueden olvidar que el que hoy adulan es el que ayer insultaban? Claro que era más difícil quedarse que irse; quedarse y ver a los incapaces y a los oportunistas medrando con la desgracia; ocupando los puestos de sus amigos desterrados, o ejecutados! ¡Los cargos que jamás hubieran obtenido por sus méritos, los consiguen ahora por la complicidad y la denuncia! ¿De qué están hechos, Mirto? ¿Dónde están sus almas? ¿Es que están muertos? ¿Es que todos están muertos en esta ciudad condenada, y sólo quedan templos vacíos, estatuas heladas y caminos de cementerio? ¡¿Dónde está el pueblo de Atenas, Mirto, dímelo?! ¿Dónde está mientras Critias y sus espartanos pisotean nuestras leyes y nuestra Constitución?

MIRTO: Atenas está cansada.

SÓCRATES: ¿Valdrá la pena, entonces, luchar por ellos, morir por ellos? Todos estos patriotas que dentro de muy poco morirán; ¿por quién, Mirto? ¿Valdrá la pena?

MIRTO: (*Lo mira intensamente.*) ¿Merecen los prisioneros que el que vio el sol baje a la caverna y trate de liberarlos? ¿Crees que lo merecen?

SÓCRATES: (*Duda, luego recuerda.*) No lo sé. (*Sonríe.*) Pero hay que intentarlo. A pesar de todo. (*Le besa la mano.*) Gracias, Mirto. *(Pausa.)* Sí, tienes razón. Ahora me gustaría estar con Anito, Trasímaco y los otros. Es necesario luchar. Critias está envenenado y contagia a los demás. Hay que destruirlo. Mañana, mi ejecución será también un acto de lucha; mi manera de decir no. (*Pausa.*) Yo estaba equivocado. Creía que alcanzaba con educar. Por eso me quedé. Pero no, al mismo tiempo hay que obrar, cambiar lo malo. Al menos, hacerlo menos malo. No respetar sino lo que queremos salvar. (*Pausa.*) Sí, debemos hacer algo para que esto no se olvide, y que alguna vez, si los hombres seguirán teniendo jefes como Critias, que tomen como bandera la desigualdad de los hombres y legitimen la explotación de unos por otros...; ¡recuerden cómo Atenas supo luchar por la dignidad humana, y por la libertad! (*Se escuchan fuertes gritos y ruidos.*) ¿Qué es eso? (*Se levanta, alarmado. También Mirto. Miran hacia la ciudad.*) ¿Qué pasará? (*Se escucha la voz de Fedón, que llega corriendo.*)
FEDÓN: ¡Maestro! ¡Maestro! (*Llega, agitado y feliz.*) ¡La revolución! ¡Han entrado al Pireo! ¡Mira!

MIRTO: Alabados sean los dioses.

SÓCRATES: (*Exaltándose.*) ¡Allí están! ¿Los ves, Mirto? ¡Cuántos son! ¡Están atacando!

FEDÓN: ¡Es todo un ejército, maestro! ¡La gente sale de sus casas, todos corren al puerto! ¡A unirse a ellos! ¡Los espartanos se han guarecido en la ciudadela!

SÓCRATES: ¡Cómo corren! ¡Bravo, Anito! ¡Bravo, amigos!

MIRTO: Vamos, vamos con ellos.

SÓCRATES: Espera. Mira esto, Fedón. ¡Escucha, muchacho! ¿Recuerdas? ¡Ni esclavos ni súbditos de ningún hombre! ¿Sabes qué es eso? (*El griterío aumenta, hasta convertirse en un alegre himno triunfal.*) ¡Es Atenas, que despierta!

Acto III

I. *En el taller de Sócrates, en su vieja casa. La habitación está como en la otra escena, cuarenta años antes, pero da la impresión de abandono. Todo está sucio y lleno de polvo. El lugar está en penumbras. Apenas si se ve la figura de Sócrates, sentado, pensativo.*

CRITÓN: (*Abriendo la puerta.*) ¿Estás ahí, Sócrates?

SÓCRATES: Sí. Pasa, Critón.

CRITÓN: ¡Qué oscuro está esto! ¿Dónde estás?

SÓCRATES: Espera. (*Abre la ventana. La habitación se ilumina. Es el atardecer.*)

CRITÓN: Jantipa me dijo que quizás te encontraría aquí. Hace tanto que no vienes a la ciudad que me sentí preocupado. ¿Estás bien?

SÓCRATES: Sí, claro. Siéntate, amigo mío.

CRITÓN: (*Se sienta.*) ¡Pero qué frío hace aquí! (*Observa el brasero apagado.*) ¿No tienes leña?

SÓCRATES: No importa. No hace falta.

CRITÓN: (*Angustiado.*) Pero, ¿por qué no me lo has dicho? (*Con reproche.*) Sócrates, Sócrates, ¿es que no somos amigos?

SÓCRATES: Claro que sí, Critón. Eres mi mejor amigo.

CRITÓN: ¿Por qué no permites que te ayude, entonces? Siempre ha sido lo mismo. ¡Acaso crees que no sufro al verte así...! ¡Si ni siquiera tienes un manto para cubrirte...! (*Calla, emocionado, a punto de llorar. Sócrates se le acerca, le palmea la espalda.*)

SÓCRATES: Vamos, no te pongas así. Sabes que jamás usé manto. ¿Y acaso alguna vez estuve enfermo?

CRITÓN: Pero ya no eres joven. Deberías cuidarte.

SÓCRATES: (*Triste, se sienta cerca de la ventana.*) ¿Para qué?

CRITÓN: ¿Qué te pasa, Sócrates?

SÓCRATES: No sé. (*Pausa.*) Pobre Jantipa. Ha sido una buena mujer. Otra no soportaría todo esto.

CRITÓN: Te quiere.

SÓCRATES: ¿Qué le he dado, Critón? Nada. Ella, tan orgullosa, lavando ropa para los vecinos..., y no creas, no me reprocha nada. Hace mucho que no lo hace. Hace unos días volví a entrar aquí. Traté de limpiar un poco. Pensé en volver a trabajar. Pero no pude. Mira mis manos. Ya no sirven. Se me cayó el cincel de entre los dedos. Manos de filósofo, dijo Jantipa. Y me pidió que no me preocupe. (*Pausa.*) Y además, la duda, la horrible duda. (*Cierra los ojos.*)

CRITÓN: ¿Qué te ocurre, Sócrates? ¡Si pudiera ayudarte...!

SÓCRATES: (*Mira por la ventana. Animado.*) ¿Viste? Ahí está Conón, el joven arquitecto, haciendo los planos para los nuevos muros. ¿Te imaginas? Será magnífico. (*Pausa.*) ¿Podrá alguien evitar que los vuelvan a destruir? ¿Cuántas veces habrán de ser destruidos todavía antes de que se comprenda? Yo fracasé. Era mi misión. Y fracasé.

CRITÓN: ¿Por qué dices eso?

SÓCRATES: Estoy cansado, Critón. Hace tres años, antes de la liberación, yo estaba dispuesto a morir. Iba a morir por algo, en nombre de algo. Pero después que ustedes entraron, después de la muerte de Critias, me sentí vencido, humillado, quizás. Como si me hubieran robado la oportunidad de pelear. (*Pausa.*) ¡Además, hay tantas sombras cerca! Están aquí, ¿sabes? Hablo con ellas, las escucho mejor en la oscuridad, por eso cierro la ventana. Están aquí, todos. Alcibíades, el joven Anito, hasta Critias. ¿Recuerdas qué mozos gallardos eran? No puedo dejar de ver a Alcibíades, con su armadura reluciente, como esa noche en Potidea. (*Cierra los ojos.*) "No dejaré mi patria menoscabada, sino más engrandecida y próspera de como la recibí". (*Se le escapa un sollozo.*) ¡Morir así, vilmente asesinado, sin poder defenderse! ¡Y el joven Anito! Y Querefón, también él. Murió en el primer ataque. No pudo ver su patria liberada. ¿Habrá sentido miedo al morir? Espero que no. (*Pausa.*) Y Mirto. También ella.

CRITÓN: ¿Qué ocurrió en realidad, Sócrates? Dicen que no quiso salir, que por eso pasó todo.

SÓCRATES: Cuando entraron las tropas en la ciudad, se dividieron, ¿recuerdas?, y mientras la parte dirigida por Anito marchaba en procesión a la Acrópolis para agradecer a la diosa por la victoria; la otra se dedicó a saquear las casas de los que llamaron traidores, algunos de los que se habían quedado. Yo había ido al Pireo, quería hablar con ustedes. (*Pausa.*) Cuando volví a la casa de Mirto, ya era tarde. Saquearon la casa y le prendieron fuego. Ella no salió. Y después, la amnistía. ¿Recuerdas? (*Con una sonrisa amarga.*) "Juro que no guardaré rencor".

CRITÓN: (*Impresionado, después de un tiempo.*) Lo siento, Sócrates.

SÓCRATES: Y aquí estoy yo, entre las sombras, un sobreviviente. Como uno de esos viejos monumentos del otro lado de la Acrópolis. Sobreviví a la guerra, a la peste, a la tiranía, a la revolución; deberían pagar por verme. ¡Sí! Un óbolo para ver a Sócrates, una reliquia de los buenos viejos tiempos, y de los malos tiempos nuevos. Bah, ni sé lo que digo. Perdóname, Critón.

CRITÓN: No te atormentes.

SÓCRATES: (*Se vuelve, desesperado.*) ¡Es que todo sigue igual! ¿No ves? Han vuelto las antiguas leyes, y lo principal para cada uno es ganar dinero, hacer negocios, y buscar su provecho. Restauración, recuperación, son las palabras de moda. Y no pensar, no preocuparse por mejorar. ¿Cuánto hace? ¿Cuarenta años? Sí, por lo menos, desde que en este mismo lugar decidí que debía hacer algo. Cuarenta años. Y ahora veo que no di un paso. Ahí está Atenas. Y yo aquí. Lejos. Atenas y sus sombras, la ciudad de las sombras. También hay sombras vivas. ¿Has pensado en eso?, los que son como todos, los que piensan como todos, los que viven como todos.

CRITÓN: Pueden hacer mucho daño, Sócrates. Escúchame. Temo por ti. Se dicen muchas cosas en la ciudad...

SÓCRATES: (*Sin oírlo.*) Atenas me ignora. No, ni siquiera debe darse el lujo de ignorarme. Nunca existí para ella. Sólo habré sido en el futuro como alguno de esos viejos templos que se van cayendo de a pedazos. Dentro de muy poco, podrán decir: ¡Ah, sí..., ese Sócrates, ese feo pedrusco gris que se ponía a veces en nuestro camino...! Y eso será todo. Y lo peor es que yo mismo no sé, Critón. Si no puedo luchar, no vivo. Y desde que murió Querefón..., desde que murió Mirto..., ya no puedo luchar. (*Pausa.*) Todo fue un engaño. Era yo, entonces. No era una voz, era sólo "mi" voz. Y quizás todo fue sólo una ambición tonta, sólo vanidad. (*Ve a Critón muy acongojado.*) Mi buen Critón, mi querido amigo, nunca me entendiste, ¿verdad?

CRITÓN: ¡Claro que sí! No deberías hablar de ese modo. No pareces tú mismo. (*Pausa.*) No hay sólo sombras a tu alrededor; esos jóvenes que vienen de toda Grecia a escucharte, ellos no son sombras, Sócrates.

SÓCRATES: Es cierto. Son lo único vivo, los que buscan de verdad. No los otros, los que vienen y me ofrecen pagar cualquier precio, porque creen que la filosofía es algo que se puede comprar, algo que se vende. Ellos sí. ¿Pero, adónde los llevo, Critón? No sé decirles cuál es el camino. Sólo que hay un camino, y que tienen que buscarlo. ¿Alcanza eso, Critón? No sé. Estoy cansado. (*Pausa.*) Cuarenta años son mucho tiempo, ¿no crees? Demasiado. ¿Recuerdas? Tú estabas aquí conmigo cuando empezó todo. Todavía me parece escuchar la voz de Querefón, gritando... (*Lo interrumpen gritos desde afuera.*)

FEDÓN: ¡Sócrates! ¡Sócrates! ¿Estás ahí? (*Critón y Sócrates se miran sorprendidos, como asustados. Se levantan. Entra Fedón.*) ¡Maestro!

SÓCRATES: ¿Qué pasa, Fedón? ¿Qué te ocurre?

FEDÓN: ¡En casa del Arcón Basileo..., en la casa...! (*No puede hablar por la agitación.*)

CRITÓN: ¿Qué es? ¡Habla, por Zeus!

FEDÓN: Una acusación; han presentado una acusación contra Sócrates.

CRITÓN: ¡No! (*Consternado, se deja caer sobre una silla.*)

SÓCRATES: ¿De qué se me acusa?

FEDÓN: Dicen que de impiedad. Y que se pide pena de muerte. (*Llora.*)

SÓCRATES: Tranquilízate. ¿Quién la firma?

CRITÓN: ¿Para qué lo preguntas? Nuestro amigo Anito, sin duda; sea cual fuere el nombre que figure.

FEDÓN: Dicen que es el poeta Meleto, el hijo de Meleto.

SÓCRATES: ¿Meleto?, no lo conozco.

CRITÓN: (*Se levanta, animoso.*) Te defenderemos, Sócrates. No te preocupes. Quizás podamos todavía evitar el juicio, y si no, si se hace, claro que ni hay que pensar en..., no, podrán imponerte una multa, o el destierro. Nada más. No te preocupes, Sócrates.

SÓCRATES: No estoy preocupado. No llores, Fedón.

CRITÓN: Pero quizás te equivocas, muchacho. Dime, ¿leíste tú mismo la acusación?

FEDÓN: No, no pude. ¡Había tanta gente delante de la casa!

CRITÓN: Vamos, entonces. Lo primero es ver esa acusación. ¡Vamos, hijo! ¿Vienes, Sócrates?

SÓCRATES: No, vayan ustedes, Critón. Aquí los espero.

CRITÓN: Está bien. (*Para sí.*) No podrán hacerte nada. (*Salen.*)

SÓCRATES: (*Se sienta cerca de la ventana. Muy tranquilo.*) Esta es la respuesta, ¿verdad? (*Pausa.*) Sí, quizá sea lo mejor. (*Pausa.*) Iré al tribunal, Atenas. Y me tendrás que escuchar. Esta vez me escucharás. ¡Tendrás que comprender! (*Pausa. Animándose.*) ¡Claro! Todavía hay esperanza. Si me ataca, es porque tiene miedo. Si tiene miedo, todavía puede salvarse. (*Pausa.*) ¡Tendrás que comprender! (*Hacia lo alto.*) ¡Gracias, oh, gracias! (*Empieza a tararear un tema alegre y, después de un tiempo, se levanta y da unos pasos de baile. Parece transfigurado. De pronto, al volverse, ve a Anito que lo mira desde la puerta.*)

ANITO: ¿Te sientes feliz, Sócrates?

SÓCRATES: Sí. Jamás he hecho mal a nadie. Además, por primera vez, mi voz me ha dicho que haga algo, en lugar de decir que no, como acostumbra.

ANITO: ¿Tu voz nuevamente?

SÓCRATES: Era como una música muy alegre, tan alegre que, ya ves, me ha hecho bailar. ¡A mis años, imagínate! (*Ríe alegremente.*)

ANITO: ¿Sabes de la acusación?

SÓCRATES: Sí. Recién me lo han dicho.

ANITO: ¿Qué vas a hacer?

SÓCRATES: Aguardaré a que me llamen y me presentaré al tribunal. (*Muy contento.*) ¡Caramba, y qué hambre tengo! Vamos, veré si hay algo de pescado en la cocina; acompáñame, ¿quieres?, no será una cena muy abundante, pero... (*Está por salir; Anito lo detiene. Se miran.*)

ANITO: Huye, Sócrates.

SÓCRATES: ¿Cómo?

ANITO: Si no, morirás.

SÓCRATES: No bromees.

ANITO: No es una broma.

SÓCRATES: Lo sé. (*Se recuesta contra la pared, sereno.*) Tú eres un hombre honrado, Anito. Siempre lo supe. Y por eso te he estimado. Amas a Atenas, por eso haces esto, ¿verdad?, ¿porque me consideras un peligro?

ANITO: Sí. Tú criticas todo, haces dudar a la gente. Nadie sabe con quién estás. Luchas por la libertad, pero criticas la democracia. Estás contra la tiranía, pero hablas del gobierno de los mejores. ¿Quién te entiende? La democracia necesita orden, tranquilidad. Tú no estás con ningún partido. Sólo traes dudas. Eso es malo.

SÓCRATES: No me interesa lo que tú llamas política. Esa política sólo separa a los hombres, yo busco lo que los une. Mi partido es el de la verdad, el de la justicia.

ANITO: Corrompes a los jóvenes, los haces olvidarse de la religión y del amor a la patria. Por eso todavía no logramos que vuelvan las buenas costumbres; pero cuando terminemos con los filósofos como tú; cuando vuelva a haber religión y patriotismo, entonces tendremos una Atenas limpia, sana y virtuosa; como lo era antes de toda esta sabiduría que la envenenó.

SÓCRATES: ¿Sabes, Anito? En el fondo, tú y yo queremos lo mismo: una Atenas feliz, pero lo buscamos de distintas maneras. Tú quieres lograrlo volviendo al pasado. Y eso no puede ser. Hay que construir un nuevo presente; tan hermoso o más que ese pasado que añoras. Un nuevo presente con una nueva verdad, "su" propia verdad...; y eso no significa que haya que dejar de pensar. No fue el pensar lo que trajo el mal de Grecia, Anito. Tú lo sabes. Sí, queremos lo mismo, pero tú tratas a los atenienses como niños; yo quiero que se decidan a ser hombres.

ANITO: Si no huyes, morirás.

SÓCRATES: No lo haré. Tendrás que escucharme. Tú y todos los demás.

ANITO: (*Se acerca a la puerta. De pronto, sin mirar a Sócrates.*) Anito..., él murió en mis brazos. No me reconoció. ¿Te imaginas? A mí, su padre. (*Pausa.*) Murió con tu nombre en los labios. Dijo que tú lo habías salvado. (*Sin comprender.*) Que lo habías salvado. (*Pausa.*) Por última vez; huye, Sócrates. Huye cuanto antes. (*Sale. Sócrates, sereno y seguro, se vuelve hacia la ventana.*)

SÓCRATES: No huiré. (*Se empieza a escuchar nuevamente el tema musical. Después de un tiempo, apagón. Luz de sala. Se ve bajar el telón en forma de pergamino en donde se lee:*) "Se acusa a Sócrates, hijo de Sofronisco, de no reconocer como dioses a los dioses de la ciudad, y de introducir nuevos dioses. Se le acusa también de corromper a la juventud. Se pide pena de muerte".

II. El tribunal. Es la misma escena del prólogo. El heraldo trata de tranquilizar al coro.

SÓCRATES: (*Acallados los gritos, continúa.*) Esto es lo que quería contaros, atenienses. Cuando Querefón me informó lo que había dicho la Pitonisa, fue como una señal que al principio no entendí. ¿Qué quería decir el oráculo, puesto que yo estaba seguro de no ser sabio? Hablé con los que eran tenidos por sabios, los políticos, los militares, los poetas, los artesanos, y comprendí que, aunque considerados sabios, y ellos creían serlo, en realidad no lo eran. Descubrí algo extraño; que gente que apenas si sabía algo de su oficio, sin embargo creían saber de política y se animaban a intervenir en la Asamblea, para decidir sobre temas que no entendían. Curiosamente, si Atenas quería construir casas o naves, llamaba a expertos, pero en política, cualquiera podía dirigir el Estado.

CORO: -¡Es un enemigo del pueblo!
    -¡Se burla de nosotros!
    -¡Dice que somos incapaces!
    -¡Que muera! ¡Que muera!

SÓCRATES: Eso me pareció grave. Pero este examen me permitió comprender que yo era, efectivamente, más sabio que estos hombres llamados sabios, porque aunque no sabía nada, al menos sabía que no sabía. Pero ocurrió que muchos de los que interrogué me tomaron odio porque quedaba al descubierto su ignorancia. Y entonces entendí que el oráculo me daba una misión: examinarme a mí mismo y a los demás; y esto es lo que hice desde entonces, demostrando su error a los que parecen sabios y no lo son, para ponerlos así en el camino de la sabiduría. Por eso he descuidado mis intereses particulares, y he vivido siempre en extrema pobreza, pues jamás he cobrado a nadie por explicarle lo que sé. Y por eso no he tenido tiempo, ni tampoco he querido, dedicarme a la política. Creí que valía más que tratara de despertar en muchos la capacidad política; y además, ya sabéis que quienes se dedican a estos asuntos, si son honestos mueren pronto. Yo estuve a punto de comprobarlo en dos ocasiones, como ya sabéis, al tener que resistir órdenes injustas, en un caso, del pueblo; en el otro, de la tiranía; por ser fiel a las leyes de Atenas.

CORO:
    -¡Es cierto! ¿No veis? Lo reconoce. ¡No aceptó
    la voluntad del pueblo cuando se procesó a los generales de las Arginusas! ¡Sólo porque el hijo de Pericles era su amigo!
    -¡No por eso! ¡Lo hizo por defender la ley!
    -¡Resistió a la voluntad del pueblo!
    -El pueblo se arrepintió después, y le dio la razón. ¡Pero ya era demasiado tarde!
    -¡Cuando los Treinta le mandaron matar a León de Salamina, no lo hizo!
    -¡Es cierto! ¡Critias, antes de morir, había firmado la orden para que ejecutaran a Sócrates!
    -¡No puede ser! Critias era su discípulo. ¡Ese infame tirano!
    -¡No lo era!
    -¡Sí! ¡Y también Alcibíades, el traidor!
    -¡Que muera! ¡Que muera!

SÓCRATES: (*Sigue, acallados los gritos.*) Ocurre también que muchos jóvenes que me ven examinar a los hombres, luego me imitan y encuentran a muchos ignorantes que entonces se irritan contra mí, no contra sí mismos, y gritan: "Sócrates corrompe a los jóvenes", y como no pueden explicar cómo lo hago, repiten todas las críticas comunes contra los que filosofan, como que estudian las cosas del cielo, o que enseñan a no creer en los dioses.

CORO: -¡Es cierto! Sócrates es ateo. En "Las nubes" lo decía: Zeus no existe.
  -¡Dice que los dioses son las nubes, que hacen llover!
  -Sólo fue una broma de Aristófanes. Son amigos.

SÓCRATES: A estos individuos se unen muchos padres enojados que dicen que aparto de ellos a sus hijos...

CORO: (*Atacándolo directamente.*) ¡Es cierto! ¡Enseñas a no respetar a los padres ni a la familia!

SÓCRATES: (*Encarándose con ellos.*) ¿Sabéis por qué dicen eso? Porque yo afirmo que la edad no da derechos; como no los da la riqueza, ni la sangre, ni la posición. Yo afirmo que los derechos los dan el saber y la virtud; que ser padre o hermano mayor no significa que se sepa más, ni que se sea mejor. (*Gritos del coro.*) Sólo es respetable lo que tiene dignidad, y la ignorancia no la tiene, y menos cuando se disfraza de saber y quiere demostrar autoridad apelando a las canas o al bastón. (*Gritos, Sócrates grita para hacerse oír.*) ¡Yo afirmo que el mejor es el más sabio, y que el más sabio es el más digno de mandar, cualquiera que sea su edad, nacimiento o riqueza! ¡Hay que estimar a un hombre sólo por lo que vale, no porque sea nuestro padre o porque tenga dinero!

CORO: -¡A muerte!
 -¡La cicuta!
 -¡Dadle la cicuta!
 -¡Apartas a los jóvenes del trabajo provechoso!
 -¡Los haces holgazanes y discutidores!

SÓCRATES: Yo no hago que los jóvenes desprecien el trabajo. Sólo los exhorto a hacerse mejores y vivir justamente, ¡¿creéis que eso significa perder el tiempo?!

HERALDO: ¡Orden! ¡Orden!

CORO:-¡No respetan las sagradas tradiciones de Atenas!
 -¡Lo discuten todo!

SÓCRATES: Nadie debe creer en nada de cuya verdad no se haya convencido personalmente. ¡Sólo así se podrá obrar bien!

CORO: -¡Discuten toda autoridad!
 -¡Se burlan de nuestras costumbres!

SÓCRATES: No hay autoridad más alta que nuestra conciencia. No importa lo que digan los demás, aunque se trate de la ciudad entera. ¡La mayoría debe educarse para ser realmente pueblo, para que cada individuo sea una persona! ¡Entonces será madura y justa la expresión de la mayoría, y tendrá verdadera autoridad!

CORO: -¡Está contra el pueblo!
 -¡Se burla de nosotros! ¡Dice que no somos personas!
 -Dice que no tenemos autoridad. ¡Vamos a demostrárselo!
 -¡A muerte! ¡Condenadlo!
 -¡Impulsas a los jóvenes a no cumplir con los ritos!
 -¡Discuten nuestras ceremonias!

SÓCRATES: Es más importante la fe que se siente en lo íntimo de nuestra conciencia, que el falso cumplimiento de ritos y sacrificios en los que no se cree. ¡Terminemos de una vez con la hipocresía de aquellos "cuyo labio jura, mientras el corazón permanece indiferente"!

CORO: -¡Sigue con sus burlas! ¡Cita a Eurípides, el ateo, el negador!
-¡Era su amigo!
-¡A muerte! ¡A muerte!

(*Muchos amenazan a Sócrates con sus bastones, otros intentan saltar sobre los cordones para acercarse a él; el escándalo sigue hasta que el heraldo, a fuerza de gritos y golpes de báculo, ayudado por algunos esclavos policías, logra que todos vuelvan a sus lugares.*)

SÓCRATES: (*Sin inmutarse, como si nada hubiera pasado.*) Y bien, atenienses, ésta es la verdad que quería exponeros; ya veis que no os gusta; ya veis que lo que me acusa son esas calumnias y esos prejuicios que provienen de los hombres que odian reconocer sus culpas y su ignorancia. Lo que vosotros sentís es la mejor prueba de que digo la verdad. Os he explicado por qué acepté esta misión, por qué he dedicado mi vida a la filosofía. Ahora, decidme, ¿no creéis que habría sido una cobardía abandonar esta misión y desertar por miedo al odio, a las calumnias, y aún a la muerte? Si jamás abandoné por miedo el puesto que me asignaron en combate, porque debía cumplir con mi deber; ¿no creéis que debía hacer lo mismo en este caso?

CORO: -Es cierto. Fue un magnífico soldado. Estuve con él en Potidea.

-Yo lo vi retirarse en Delio; nadie se atrevió a tocarlo. El general Laques dijo que si todos se hubieran portado con su valor, la victoria hubiera sido de los atenienses.
-Estuve con él en Anfípolis. Tenía coraje.
-En Potidea le salvó la vida a Alcibíades. Le quisieron dar la medalla al valor, pero no aceptó. Pidió que se la dieran a Alcibíades.

SÓCRATES: Por este motivo, si me absolvierais ahora, bajo la condición de no volver a filosofar, yo os diría: Os estimo, atenienses, pero mientras aliente en mí la vida, no dejaré de exhortaros a tomar conciencia, pidiendo a cada uno de vosotros que se preocupe por mejorar, más que por adquirir riquezas y honores, y si veo que no lo hace, le pediré que cambie. Y lo haré porque ésta es mi misión, y éste es el servicio que hago a la ciudad, al tratar de convenceros a todos de que debéis aprender lo que es justo y practicarlo. Por eso, atenienses, ya sea que me absolváis o me condenéis; estad seguros de que yo no obraría de otro modo, aún si hubiera de morir mil veces.

CORO; -¡A muerte! ¿No veis su soberbia?
        -¡Sigue burlándose! ¡La cicuta!
        -¡La cicuta! ¡Que se calle ya!

SÓCRATES: No os impacientéis. Ya termino. No haré lo acostumbrado, llorar e implorar, traer a los niños para inspirar compasión, o hacer declarar a amigos. No lo haré, aunque tengo familia; esposa y tres hijos, uno ya mayor, y otros dos pequeños, pero no los he traído aquí para rogaros, ni tampoco a todos mis amigos. ¿Por qué? (*Gritos y murmullos.*) No, no es por soberbia; ni porque os desprecie, atenienses. Es que sería vergonzoso para mí, y una deshonra para la ciudad. No sería justo que fuera absuelto por suplicaros, porque vosotros no estáis aquí para hacer de la justicia un favor. Y prefiero morir a mendigar servilmente mi vida y hacer que se me otorgue una vida peor que la muerte. He terminado. Confío en vosotros, atenienses, y en la decisión que vais a tomar; espero que sea la mejor para mí y para vosotros. (*Se vuelve a sentar. El heraldo se adelanta.*)

HERALDO: ¡Atenienses! Ahora deberéis votar por la culpabilidad o inocencia de Sócrates. Depositad vuestros guijarros en la urna que hayáis elegido. ¡Silencio! ¡Orden! ¡Silencio! (*Mientras votan, se escucha el rumor del coro que siguen discutiendo, como entre sí.*)

CORO:-¡Es culpable!
  -¡Es inocente!
  -¡Es enemigo de la religión!
  -¡Es un magnífico soldado!
  -¡Es un loco molesto!
  -¡Es el elegido de Apolo!
  -¡Es un hombre sabio!
  -¡Es el más sabio. Lo dijo el oráculo!
  -¡Es demasiado curioso!
  -¡Es un anciano amable!
  - Respeta a todo el mundo.
  -¡Hasta a los esclavos, claro!
  - En su casa no tiene esclavos, es una vergüenza.
  - Dice que no hay esclavos por naturaleza. Que todos los hombres nacen libres e iguales.
  - Ese no es él. Es su alumno Antístenes.
  - O su amigo Eurípides.
  - Sin esclavos, ¿cómo podríamos vivir! ¡Es culpable!
  -¡Es inocente!
  - Aguanta el hambre y el frío como nadie.
  -¡Qué gracia! Porque siempre pasó hambre y frío.
  - Si es tan pobre, es porque siempre rechazó regalos.

- Dice que no hay que aceptar regalos a los que no se puede corresponder. ¡Está loco!

- Su amigo Critón tiene minas y tierras. Nunca dejó que lo ayudara.

-¡Es orgulloso!

-¡Es culpable!

- El rey de Macedonia lo invitó a su corte, le ofreció una fortuna para que fuera su maestro. El no aceptó.

-¡Es inocente!

-¡Siempre se opuso a la democracia! ¡Critica el sorteo de los magistrados!

-¡Es culpable!

-¡Es inocente!

-¡Culpable! ¡Inocente! ¡Culpable! ¡Inocente!

(*Los gritos siguen; termina el recuento de los votos; un esclavo lleva al heraldo una nota; el heraldo se la entrega al presidente. El presidente la lee, llama a Anito y habla con él; Anito consulta con los otros acusadores; luego contesta al presidente y vuelve a su lugar. El presidente hace una seña al heraldo.*)

HERALDO: (*Golpea con su báculo. Se hace silencio.*) Por 280 votos por la culpabilidad, contra 221 por la inocencia, este tribunal ha declarado culpable a Sócrates. (*Gritos y murmullos.*) Adelántate, Sócrates. (*Este lo hace, enfrentando al presidente.*)

PRESIDENTE: Sócrates; este tribunal te ha encontrado culpable. Tus acusadores mantienen su pedido y solicitan para ti la pena de muerte. Puedes hablar ahora y proponer la pena que consideras merecer.

SÓCRATES: (*Se adelanta, muy sereno.*) Me habéis encontrado culpable. No me sorprende, atenienses, Era difícil convenceros en tan poco tiempo de la verdad de lo que os he dicho. (*Pausa.*) Pero ahora, debo por ley proponer la pena que creo merecer. ¿Cuál será, en verdad, la pena que merezco por haber dedicado mi vida al servicio de la ciudad? Creo que debe ser un premio, como el que dais a los ciudadanos más distinguidos; por ejemplo, ser alimentado en el Pritaneo. (*Murmullos de desaprobación.*) Pero ya veis; os enojáis por considerarlo soberbia, cuando sólo digo lo justo. No hablemos de premio entonces. Pero, ¿qué pena proponer? ¿Una multa? Eso sería engañaros; ya sabéis que no poseo nada. Y el destierro, ¿diréis? Pero, atenienses, si vosotros, mis conciudadanos, no habéis podido soportar mi examen, ¿creéis que otros lo soportarían mejor? Sería expulsado de cualquier ciudad a la que fuera. Pero podréis decirme: ¿acaso no podrías vivir en el destierro si te callaras y vivieras tranquilo? Y ya os dije: es eso justamente lo que no puedo hacer, amigos míos. No creáis que me burlo si os repito que, a mi entender, la vida sin examen no merece ser vivida; y que lo importante no es vivir, sino vivir bien. Eso significa obrar justamente y, por eso mismo, no voy a proponeros ninguna pena, ni a permitir que mis amigos os ofrezcan pagar cualquier multa, como estoy oyendo desde aquí; no lo haré, porque esto significaría reconocer que soy culpable y, en ese caso, sería injusto conmigo mismo. (*Gritos de desagrado.*) Por tanto, no os propongo ninguna pena, atenienses. Sólo os sugiero que me dejéis en libertad. (*Se sienta.*)

HERALDO: (*Tratando inútilmente de contener al coro.*) ¡Silencio! ¡Orden!

CORO: -¡Ya lo veis! ¡No se puede corregir!
        -¡Insiste en burlarse!
        -¡Nos está provocando!

HERALDO: ¡Silencio!

CORO: -¡Es culpable! ¡Debe morir!

-¡Es un hombre honrado! ¡Debe vivir! *(El heraldo se acerca al presidente y consulta con él, mientras el coro sigue.)*
-¡No tiene cura!
-¡Es un rebelde!
-¡Hace demasiadas preguntas!
-¡Eso es bueno!
-¡Eso es malo!

HERALDO: *(Gritando.)* ¡Hombres de Atenas! Escuchadme. ¡El presidente ha decidido que votéis por la pena que corresponde aplicar a Sócrates por simple alzamiento de manos. ¡Oídme!

CORO: *(Exaltándose. Todos juntos.)*
Sócrates es un hombre que pregunta.
El que pregunta es el que no acepta.
El que no acepta es el que se rebela.
El que se rebela es un hombre libre.

SEMICORO DERECHA:
Un hombre libre es un peligro.
Un peligro debe eliminarse.

SEMICORO IZQUIERDA:
Un hombre libre es una promesa.
Una promesa debe cumplirse.

SEMICORO DERECHA:
El que se rebela debe morir.

SEMICORO IZQUIERDA:
El que se rebela debe vivir.

SEMICORO DERECHA:
¡Morir!

SEMICORO IZQUIERDA:
¡Vivir!
(*Durante un tiempo se produce un contrapunto parejo entre los dos semicoros que repiten: ¡Morir! ¡Vivir!*)

HERALDO: Los que votáis por la libertad de Sócrates, alzad las manos. (*Se alzan unas pocas manos, sin que se interrumpa el diálogo de los semicoros.*) ¡Ahora, los que votáis por la pena de muerte, alzad las manos! (*Se van alzando muchas manos, cada vez más, mientras se escucha cada vez más fuerte el: "Morir", que acaba por dominar. El heraldo se vuelve hacia el presidente. Golpea con su báculo. Se hace silencio.*): Levántate, Sócrates. (*Sócrates lo hace; el heraldo inclina hacia él su báculo.*)

PRESIDENTE: Sócrates, este tribunal te condena a muerte. Tu sentencia se cumplirá al volver la nave que hace la peregrinación a Delos. (*Murmullos del coro. El heraldo baja su báculo hasta tocar con él la frente de Sócrates. Después se retira unos pasos. Sócrates se adelanta, siempre sereno. Todos callan.*)

SÓCRATES: Es una pena, atenienses. Por no aguardar un poco, ya que por mi avanzada edad estoy cerca del fin, tendréis la fama de haber dado muerte a Sócrates, varón sabio; pues los enemigos de la ciudad dirán que soy sabio, aunque no lo sea. Quizás creáis que lamento ahora no haberos suplicado para escapar a esta condena, pero no es así. Sé que he obrado como debía, y que si yo salgo de aquí condenado a muerte, mis acusadores y vosotros, los que habéis votado por mi muerte, quedaréis sentenciados a maldad e injusticia para toda vuestra vida. Yo me atengo a mi pena; atenéos vosotros a la vuestra. Creo que la mía es la más leve; pues es doblemente malo cometer una injusticia a sufrirla. (*Pausa.*) Pero debo hablaros todavía un momento; y predeciros algo a vosotros, los que me habéis condenado. (*Gritos.*) No, tendréis que escucharme; debéis escuchar a quien está a las puertas de la muerte. (*Se hace un completo silencio.*) Se dice que ha habido antes de la nuestra civilizaciones que murieron. También la nuestra morirá, si no se la cuida... desde adentro. No levantando grandes edificios y construyendo máquinas maravillosas, sino en nuestros corazones. Allí es donde debemos salvarla. Una civilización sólo vive en la conciencia de sus hombres, en los valores por los que existe, y por los que es capaz de morir. Si se pierden estos valores, entonces todo queda vacío, la tierra estéril, y las ciudades condenadas a muerte. Para que haya ciudades antes debemos hacer al ser humano, porque la ciudad son los seres humanos, no los grandes monumentos ni los mecanismos sin alma. Os prevengo, no tenéis derecho a seguir equivocándoos, porque entonces no habrá futuro para vosotros, y sólo seréis despojos y ruinas sobre los que una nueva humanidad habrá de alzarse un día para comprender lo que no se debe hacer. Os prevengo, otros hombres vendrán y os obligarán a despertar. Serán muchos, algún día serán tantos que no podréis matarlos a todos, para impedir que os reprochen que no viváis como es debido. Ellos levantarán un mundo mejor, un mundo sin refugios ni excusas. Para ellos, nosotros sólo habremos sido las piedras, el polvo de la tierra que han de pisar cuando construyan la gran ciudad, la ciudad de los Hombres. (*Pausa.*) Eso es lo que quería deciros a vosotros, los que me habéis condenado. Y también debo decir algo a los que votaron por mi absolución; a vosotros, a quienes puedo verdaderamente llamar mis jueces, debo pediros que no os aflijáis por mi suerte, pues no sabemos qué es el morir, y por lo tanto no debemos temerle. Pensad que un hombre bueno no debe temer ningún mal, ni en la vida ni en la muerte. Y no creáis que guardo rencor a quienes votaron por mi condena ni a mis acusadores; lo que lamento es que hayan hecho lo que hicieron creyendo causarme algún daño. Esto es en ellos lo censurable. (*Pausa.*) Pero ya es tiempo de marcharse; yo para morir, vosotros para vivir. Quién de nosotros lleve la mejor parte, nadie lo sabe. (*Sale lentamente.*)

III. *La prisión; al atardecer. Critón, cerca de una ventana, observa la luz del sol que se pone.*

CRITÓN: Si dar mi vida alcanzara para detener tu marcha, ¡con qué gusto te la ofrecería! Jamás hasta este día había observado la terrible rapidez con que se cumple tu ciclo; recién nacido, ya estás allí, sobre las montañas, a punto de morir. Nunca me importó, pero hoy..., mientras mi amigo, allá adentro, espera sin temor tu ocaso, yo tiemblo y siento que mi corazón también está por detenerse con el suyo. ¡Si por lo menos estuviera preocupado! Lo que más me asusta es su serenidad, casi su alegría. Ha pasado el día hablando con sus jóvenes discípulos sobre la muerte; como si se tratara de un tema más entre los muchos de que siempre se ocupó. No pude soportarlo más. Y he tenido que venir aquí. No puedo llorar. No comprendo nada. No sé todavía por qué estamos en este lugar. Ahora se está despidiendo de Jantipa y de sus hijos. Puedo escuchar el llanto de su mujer y de los pequeños. Pero él no llora, no. Es como si ya no estuviera entre nosotros. (*Enojado.*) ¡Y tú sigues avanzando sin que nada te importe! (*Se calla, cierra los ojos un tiempo. La luz del sol toma una coloración rojiza intensa.*)

SÓCRATES: (*Ha entrado lentamente, poniéndose al lado de Critón. Lleva cadenas en las muñecas y en los tobillos.*) ¡Qué hermoso es el color del sol en este momento!; ¿no te parece, Critón?

CRITÓN: (*Sin mirar.*) Es el color de la sangre. De la muerte.

SÓCRATES: No. Es el color de la vida. ¿Nunca te fijaste, Critón, en el momento preciso en que el sol desaparece, cómo aumenta su esplendor y lo baña todo con su luz? En realidad, eso no es morir. Es sólo entrar en la sombra unas horas, para luego renacer.

CRITÓN: *(De pronto, apasionado.)* Todavía hay tiempo, Sócrates. Si te pones mi manto y sales, nadie te detendrá. Ni siquiera observarán tus cadenas. Ya sabes que los guardias casi no vigilan.

SÓCRATES: Ya lo sé. También Anito desea que huya. ¡Pobre Anito! Ha hecho todo lo que pudo para salvarme. Le dirás que no le culpo, ¿quieres?

CRITÓN: Pero, ¿por qué, Sócrates? ¿Por qué quedarte? No te comprendo.

SÓCRATES: Te lo he explicado tantas veces, mi buen Critón. Huir ahora sería traicionar a Atenas, y Atenas necesita que le den una oportunidad después de tanta desgracia. ¿No entiendes? Si la situación fuera distinta, huiría; pero ahora, aunque la justicia es más importante que el orden, debo elegir el orden de Atenas a la conservación de mi vida. En este momento, mi fuga significaría mi desacuerdo con la democracia; sería despreciar las leyes de Atenas; y no son ellas las equivocadas, sino los hombres, que las aplican mal por ignorancia. No puedo hacerlo. Compréndelo.

CRITÓN: ¡Pero es que tu muerte es tan injusta!

SÓCRATES: ¿Acaso preferirías que fuese justa? *(Pausa.)* Yo estaba equivocado; tú tenías razón. Fedón, Antístenes, Platón, Simmias y todos los otros, ellos no son sombras, eso es lo más importante. *(Pausa.)* He estado hablando con ellos sobre la muerte, examinando cómo podría ser que el alma no muera; pero en mi caso lo sé muy bien ahora. Yo no moriré porque están ellos, ¿entiendes? Ellos son mi triunfo. Seguirán mi lucha. Y viviré en ellos, Critón. Atenas terminará por comprender. *(Pausa.)* Quiero pedirte un favor; que seas su apoyo cuando todo haya terminado. Se han estado conteniendo con gran esfuerzo durante este tiempo. Pero cuando todo pase te necesitarán. Ayúdalos. ¿Lo harás? *(Critón asiente, emocionado.)* Gracias. *(Le estrecha la mano con fuerza.)* Mi buen Critón. Mi muy querido amigo. Esta vez me adelanto en el camino. *(Critón llora.)* ¿Sabes? Ha sido bueno tenerte a mi lado. *(Se abrazan. Luego, quedan un tiempo en silencio. Entra el carcelero.)*

CARCELERO: *(Carraspea.)* Discúlpame por lo que debo decirte, Sócrates, pero...

SÓCRATES: ¿Sí? No temas, habla. ¿Es la hora?

CARCELERO: Sí.

SÓCRATES: Cumple con tu deber, entonces. *(El carcelero asiente con la cabeza y sale.)*

CRITÓN: *(Protesta débilmente.)* Pero el sol está todavía sobre las montañas, aún no se ha puesto...

SÓCRATES: ¿Es que vamos a ser tan avaros con los escasos minutos que me quedan, Critón? Es mejor terminar cuanto antes. *(Entran el carcelero y el verdugo, seguidos por los discípulos. Mientras el verdugo, a un lado, prepara la copa de cicuta; el carcelero quita las cadenas a Sócrates, que se frota complacido las muñecas y luego se vuelve al verdugo, que está esperando.)* Y bien, ¿qué debo hacer ahora, buen hombre?

VERDUGO: *(Se acerca y le da la copa.)* Bebe esto. *(Sócrates lo hace, con gran tranquilidad.)* Ahora paséate un poco y, cuando te sientas cansado, ven y acuéstate. *(Sócrates da unos pasos en silencio. De pronto, uno de los discípulos no puede contenerse más y empieza a llorar. Los otros lo imitan.)*

SÓCRATES: *(Se detiene, disgustado.)* ¿Qué es esto, amigos míos? Si hice salir a las mujeres, fue para evitar esta clase de escenas. ¿Acaso no sabéis que se debe morir entre palabras de buen augurio? ¡Ea, tranquilizáos y sed fuertes! *(Todos contienen su llanto. El joven Fedón, cerca del lecho, esconde la cara entre las manos. Sócrates se sienta, acaricia con ternura el cabello del joven. Después de un tiempo, se acuesta.)*

VERDUGO: *(Después de observarlo con atención, le toca los pies.)* ¿Te duele?

SÓCRATES: No.

VERDUGO: *(Tocándole las piernas.)* ¿Aquí?

SÓCRATES: No. *(Se tapa la cara con la túnica.)*

VERDUGO: *(A Critón, por lo bajo.)* Cuando el veneno llegue al corazón, todo habrá terminado.

SÓCRATES: *(De pronto, apartando la túnica, a Critón.)* No lo olvides, Critón.

CRITÓN: ¿Qué?

SÓCRATES: Le debemos un gallo a Esculapio. Paga la deuda.

CRITÓN: No me olvidaré. ¿Quieres decirme algo más? *(Sócrates no contesta. El verdugo se inclina sobre él y descubre su rostro; hace una seña a Critón, que cierra los ojos de Sócrates y después se dirige a la ventana. Los discípulos empiezan a llorar, muy calladamente. Fedón se acerca a Critón. Solloza. Critón le rodea los hombros con su brazo, luego le hace alzar la cabeza y mirar la luz del sol.)* ¿Has visto cómo muere el sol, Fedón; llenando el mundo con su luz? En realidad no muere. Sólo entra en la sombra unas horas para luego renacer. *(Pausa.)* Sí, hijo mío. Nuestro amigo Sócrates, nuestro maestro Sócrates, el mejor, el más sabio y el más justo de los hombres, ha empezado a vivir. *(El resplandor del sol se hace cada vez más fuerte, al tiempo que el resto de la escena se va oscureciendo y se escucha muy suave el tema musical que termina en una serena marcha de triunfo.)*

FIN

EL TRIGAL Y LOS CUERVOS

Drama en tres actos

El niño dijo:
- Madre, quiero el sol.
Y la madre respondió:
- cuando seas grande lo tendrás.
Y el niño creció,
y un día descubrió el sol en sus manos;
y supo que estaba muerto (o loco).

Personajes:

VINCENT

THEO

CRISTINA

ROULIN

DR. GACHET

GAUGUIN

La acción en Arlés, Saint Rémy y Auvers sur Oise; entre 1888 y 1890.

*

La escenografía y luces deben corresponder a las indicaciones estéticas de Vincent Van Gogh sobre un color sugestivo y un dibujo no exacto, sino expresivo. El clima de color debe cuidarse en relación a los cuadros correspondientes (*«El dormitorio»;* *«El café nocturno»*), y debe trasmitir, en esencia, el simbolismo de la atmósfera de las estaciones y de las emociones para Van Gogh; a través de los contrastes de los colores complemen-

tarios; desde el rojo-verde de la primavera y el naranja-azul
del verano, al amarillo-violeta del otoño y el blanco-negro del
invierno; culminando, al final, en un renacer de primavera, a
pleno color y con la irradiación del sol poniente.

Acto I

Cuadro I: *La Casa Amarilla; junto a un cuarto sin amue-*
blar, que está en la penumbra, se encuentra el dormitorio, de
paredes blancas y piso de ladrillos rojos. Al frente, una ventana,
por la que penetra la roja luminosidad del sol poniente. Algunos
muebles de madera blanca: una cama, una mesa, sillas y una
cuna. Por todas partes hay cuadros, telas, cartones y marcos; so-
bre una mesita, pinceles y óleos. Cristina está intentando, con
dificultad, ordenar el lugar. Apila algunos cuadros de un lado;
luego, como arrepentida, vuelve a dejarlos como estaban. Es una
mujer de mediana edad, no hermosa, pero de rasgos agradables.
El clima de color corresponde al contraste rojo-verde, creando un
ámbito cálido y alegre.

CRISTINA: (*Hacia la cuna.*) Mejor que no lo haga. Si encuentra las cosas en otro lado, va a hacer un escándalo de todos los diablos, ¿y para qué? (*Sacude el polvo de los cuadros.*)
Además, aunque estuviera de buen humor y no dijera nada,
mañana estaría todo otra vez igual. (*Se acerca a la cuna; sonríe*
al niño; lo hamaca y canturrea una canción infantil; luego sigue
con su trabajo. Un cuadro le llama la atención; lo pone sobre una
silla, se sienta en la cama y lo observa. Al niño.) Este es lindo. Yo
no sé cómo ve estas cosas que nadie más ve; pero las ve, claro.
(*Pausa.*) Quién sabe por dónde andará ahora; es tarde y Theo
estará por llegar. (*Abre la ventana y sacude algunas telas; va a*

cerrar cuando ve algo que la sorprende.) ¡No!, pero si está ahí nomás...; ¿qué estará haciendo así? (*Hace señas con los brazos.*) ¡Eh!... ¡Eh!... ¡Vincent!... ¡Ven..., ven aquí! (*Hace señas como para que alguien venga a su lado y, después de un tiempo, cierra la ventana.*) ¡Qué loco! (*Al niño.*) ¡Si no fuera que es tan bueno...! (*Más seria.*) ¡Si no fuera por ti...! (*Sigue con su trabajo; poco después entra Vincent, cargado con la caja de pintura; trapos y pinceles todavía húmedos en una mano y, en la otra, un cuadro recién pintado. Está acalorado y contento. Viste descuidadamente con ropas de campesino.*)

VINCENT: ¡Hola! (*Cristina se acerca para ayudarle.*) Toma la caja, ¿quieres? (*Entre los dos acomodan los objetos; Vincent se pone a limpiar los pinceles.*)

CRISTINA: (*Observándolo con curiosidad.*) ¿Qué estabas haciendo ahí enfrente?

VINCENT: (*Ríe.*) ¿No lo ves? (*Señala la tela; ella se acerca y la mira.*)

CRISTINA: Es esta casa, ¿no?

VINCENT: ¡Claro!, iba a entrar cuando la vi, como si la viera por primera vez; el sol le daba de una manera que era algo estupendo; entonces me puse a pintarla.

CRISTINA: Pero, ¿por qué de rodillas?, porque yo te vi de rodillas, ¿no?

VINCENT: (*Ríe.*) Es que era maravilloso pintarla así, con el horizonte bajo; ¿no te das cuenta?

CRISTINA: (*Dudando.*) Pero, ¿y la gente?, ¿no te importa lo que habrán pensado al verte pintando de rodillas en la calle?

VINCENT: No me importa lo que diga la gente, Sien; estoy demasiado ocupado para preocuparme por eso; sólo puedo pensar en mi trabajo, y en avanzar, simplemente.

CRISTINA: ¿Y si te engañas en lo que estás haciendo?

VINCENT: Si no valgo nada, ¿quieres decir? (*Ella asiente.*) Mira, si no valgo nada ahora, tampoco valdré más después; pero si valgo algo después, será porque también lo valgo ahora. Porque el trigo es trigo, aunque la gente de la ciudad lo tome por pasto; y lo mismo, al revés.

CRISTINA: Ya salió el predicador errante; déjate de sermones, ¿quieres? (*Mira el cuadro.*)

VINCENT: ¿Qué te parece?

CRISTINA; ¿Por qué hiciste la casa tan amarilla?; no es así, ¿no?

VINCENT: (*Ríe.*) Claro que es así. Si hubieras visto...; el sol la cubría como una estela de luz, de fuego; era como..., como el trigal, ¿sabes?

CRISTINA: ¿Como el trigal?

VINCENT: Estuve todo el día pintando el trigal; al volver, vi la casa y era lo mismo. (*La abraza.*) La casa está llena de vida, y tú también eres trigo. (*Mira la cuna.*) Y el niño.

CRISTINA: ¡Qué loco eres! ¡Yo soy trigo; la casa es un trigal, vamos!

VINCENT: Es la casa del sol. ¡La pintaré de este mismo amarillo para que todos lo sepan; será la casa de la alegría, la casa del dios Sol!

CRISTINA: Solamente será una casa amarilla, y te criticarán si lo haces. La gente de Arlés quiere que sus casas sean blancas, o amarillo claro, discreto; como ellos: blancos, discretos, sin manchas.

VINCENT: Que se vean, claro; salvo las conocidas por las chicas del burdel, ¿no?

CRISTINA: Son buena gente, gente normal.

VINCENT: (*La mira, serio.*) ¿Te gustaría ser como ellos?

CRISTINA: (*Piensa un tiempo.*) Sí. (*Observa el piso manchado por el cuadro.*) Pero mira..., ¡se está ensuciando todo!

VINCENT: (*Pone el cuadro sobre un caballete.*) Lo voy a dejar estar un poco; esta noche lo seguiré.

CRISTINA: ¿Te quedarás otra vez toda la noche pintando?

VINCENT: (*Asiente.*) ¡La noche es tan especial, te muestra colores que no se ven durante el día!

CRISTINA: (*Dudando, vuelve a ordenar el cuarto.*) Nunca podré entender que te pongas así por pintar un cuadro.

VINCENT: (*Se sienta, toma su pipa y la enciende.*) Hoy me pasó, ¿sabes, Sien? Pasó dos veces, cuando estaba en el campo y luego aquí, delante de la casa.

CRISTINA: ¿Qué te pasó?

VINCENT: El momento, el momento en que se te da..., y no puedes diferenciarte de lo que tu mano está haciendo; parece que no es uno el que pinta; es algo mucho más fuerte que tiene que salir; y lo curioso es que tú sabes que lo que estás haciendo está bien, aunque no lo pienses ni dirijas tu mano; y después, cuando lo ves, comprendes que acertaste; y nunca llegas a saber por qué pasó. Es como si una gran fuerza te hubiera usado como instrumento para contar algo, algo que es así y no puede ser de otro modo. ¿No comprendes?

CRISTINA: No. (*Se acerca y le toca la frente.*) Estás afiebrado; seguramente estuviste demasiado al sol, y sin cubrirte la cabeza. Eso está mal; el doctor Rey dijo que debes cuidarte o tendrás una mala fiebre.

VINCENT: (*Sin escuchar.*) Lo terrible es que hay todo el tiempo encuentros y fracasos, y cada momento es algo total, sin términos medios. Un día, como hoy, te encuentras con que hay una verdad en lo que pintaste, algo que grita: esto es así, y sólo puede ser así; una verdad que es tuya y de todos; y lo que hiciste fue sólo quitarle el velo que la cubría para que todos pudieran verla como tú la ves; y eso es tan hermoso que te sientes..., no sé, como se debió de sentir Dios después de hacer el mundo y ver la aurora y la noche estrellada. Y al otro día, caes al pozo y ya no distingues el color de la luz, y lo que haces ya no dice nada; sólo son los zarpazos de un animal furioso porque su presa se le escapa; y desearía matar al primero que encuentra, o lastimarse a sí mismo. Sí, quisieras desgarrar tu propia carne para ver si así vuelves a encontrar esa verdad de ayer..., o de anteayer..., que ahora no sabes si alguna vez recobrarás; esa imagen que quizás no volverá.

CRISTINA: (*Se sienta, pensativa.*) Eso es una tortura. No entiendo cómo ustedes pueden vivir peleando por algo así.

VINCENT: ¿Ustedes?

CRISTINA: Tú..., y también Michel, un amigo de París; era escultor. El decía..., ¿cómo era?, sí, que había algo mágico en la arcilla; qué sé yo; que todo estaba lleno de vida; que había formas esperando en cada piedra, en cada madera, una mano que las descubriera.

VINCENT: Es cierto, es eso justamente. (*Entusiasmado.*) Es como tratar de atravesar un muro de hierro invisible que está entre lo que uno siente y lo que uno puede. Y no sirve de nada golpearlo con fuerza; hay que limarlo con paciencia, lentamente..., ¿entiendes?

CRISTINA: (*Enojándose.*) No. ¿No te das cuenta? Eso no está bien. Ustedes viven lastimándose, sufriendo..., ¿y para qué? Si tienes suerte, tus cuadros colgarán en la casa de algún burgués, de esos que tú desprecias; y quizás eso no pase nunca mientras vivas, y entonces sufrirás, sufrirás, sólo sufrirás; ¿para qué?

VINCENT: ¿Para qué? Es lo que trato de explicarte. Mira. (*La pone frente al cuadro.*) La naturaleza me contó un secreto; y me lo contó sólo a mí, ¿comprendes? ¿No es maravilloso saber que uno es el elegido para contárselo a los demás, que sin ti esto no existiría?

CRISTINA: (*Vacila.*) Será como lo que yo siento por el niño...; algo así, supongo.

VINCENT: Lo que hago está lejos todavía de lo que sueño hacer, pero lo lograré, ya verás. Además, esta es mi manera de pelear; mi manera de ser útil, de hacer algo por los demás; la única que tengo. (*La toma de pronto por los brazos y la saca a bailar.*)

CRISTINA: (*Riendo.*) Loco..., ¿qué estás haciendo?

VINCENT: Me has traído suerte. Desde que volviste conmigo, se ha vuelto más fácil pintar. Todo lo que hice antes de venir a Arlés no fue más que sembrar, sólo eso; pero ya está llegando el tiempo de la cosecha; y es gracias a ti. Y ahora, la carta de Theo... (*Se escucha el sonido de un tren que se acerca.*) Theo vendrá pronto; seguramente traerá el dinero del cuadro, ¿te imaginas?, mi primer cuadro vendido; y a un cliente importante; seguramente seguirá comprando. ¡Será estupendo!

CRISTINA: ¿Sabes?, me parece que en el fondo eres ambicioso. (*Él la mira con sorpresa.*) Sí, como te alegra tanto eso de vender tu primer cuadro, y de triunfar, ¿no lo ves?

VINCENT: ¿Crees que vender significa triunfar? (*Triste.*) ¡No! Sólo quiero vender algo para no seguir siendo una carga para Theo; para no ser tan inútil. (*Recuperándose.*) Pero ahora todo irá bien, por fin haremos la primera asociación de artistas; terminaremos de arreglar la pieza de arriba y le diremos a Gauguin que venga, y también a Bernard; viviremos en comunidad. La unión de los artistas es lo único que puede dar fuerza al arte; sólo sacrificando el egoísmo individual al bien común se vencerá la resistencia de los que no aceptan la nueva pintura. ¡Además, seguro que Tersteeg aceptará la idea; él y Theo se encargarán de vender las obras; así nosotros no tendremos que tratar más con comerciantes ignorantes; nos dedicaremos sólo a pintar; se nos unirán todos los artistas jóvenes y llevaremos el nuevo arte por todos lados; para que se conozca el arte de ese mundo nuevo que está naciendo, un mundo donde todos los seres humanos serán hermanos, hermanos de veras! (*La vuelve a abrazar, feliz.*) Ya sé; nos emborracharemos esta noche; iremos al café...; aunque no sé, Theo nunca llega a emborracharse en serio. ¡Es tan formal, habrá que hacerlo cambiar!; no puede ser así a su edad; imagínate, tiene cuatro años menos que yo. (*Algo asombrado.*) ¿Te das cuenta? Theo tiene ya treinta y un años; yo siempre lo veo como un chico, aunque a veces parece mayor que yo; se parece a nuestro padre, eso es lo que pasa. (*Se escucha el sonido del tren más cerca; Sien se desprende un poco.*)

CRISTINA: Theo estará pronto aquí. Y yo todavía no terminé de arreglar la casa.

VINCENT: No importa.

CRISTINA: (*Le muestra unos bizcochos.*) Mira lo que conseguí para esta noche.

VINCENT: (*Asombrado.*) ¡Bizcochos...! ¿De dónde los sacaste?

CRISTINA: (*Ríe.*) Theo creerá que nos hemos enriquecido..., o que estamos malgastando su dinero. (*Vincent come.*) ¡Deja algo para Theo! (*Trata de quitarle el plato.*) ¿Sabes cómo los conseguí? La señora Ginoux me los dio por treinta céntimos; le quedaron en la panadería después del fin de semana; están un poco viejos, pero no se nota, ¿no crees?
VINCENT: (*Amargado, deja el plato.*) Sobras..., siempre sobras.

CRISTINA: (*Triste.*) Vincent...

VINCENT: (*Trata de recobrarse, sonríe.*) Todo cambiará ahora. (*Saca de un armario una botella casi vacía.*¿No hay más vino que esto?

CRISTINA: No. No tenía más dinero. (*Vincent le da unas monedas.*)

VINCENT: Toma; hoy somos ricos.

CRISTINA: ¿Y esto?

VINCENT: Hice un dibujo de un campesino y se lo regalé, pero él insistió en pagarme. Toma, ve a buscar vino. (*Cristina se pone un chal; se vuelve hacia él, dudando.*) ¿Qué te pasa?

CRISTINA: ¿Qué dirá Theo al verme aquí?

VINCENT: (*Se sienta, fuma.*) ¿Qué dirá? (*Piensa.*) Al principio se va a enojar, claro. ¿Sabes qué? Compra queso también, le gusta el queso, así se le pasará el enojo.

CRISTINA: Hubieras debido escribirle.

VINCENT: No; él va a comprender; serás otra hermana para él. Una hermana muy distinta, claro. (*Se ríe.*) ¡Si vieras a nuestras hermanas! Ana y Lies son unas señoras grandes, pesadas, buenas y honradas; unas holandesas como manda el Señor, y como las educó nuestro padre, claro. La chiquita, Will, es distinta, se parece a mí; temo que va a sufrir mucho; le gusta la escultura, ¿sabes? (*Ella lo mira con interés.*)

CRISTINA: ¿No extrañas tu casa, Vincent?

VINCENT: (*Después de pensar un tiempo, seguro.*) No. Y no volveré nunca a Holanda. ¿No te conté?, Lies me echó de la casa cuando murió nuestro padre; dijo que yo deshonraba el hogar. Toda la gente hablaba de mí, porquerías, claro; les enojaba que no fuera a la iglesia siendo hijo del pastor.

CRISTINA: Y tu madre, ¿no dijo nada?

VINCENT: Ella es muy buena, pero muy débil; es extraño, he hablado tan poco con ella; la quiero, no creas; pero la siento tan lejos...; me conoce tan poco, creo que me tiene un poco de miedo. (*Fuma.*) No, no volveré allá; ¡es tan triste!, en Zundert es un milagro ver el sol; es todo lo contrario de Arlés, y también la gente; son tristes, oscuros... (*Se estremece.*)

CRISTINA: ¿Qué te pasa?

VINCENT: Antes, cuando estaba pintando el trigal, recordé de pronto todo aquello; todo se juntaba: las nubes de Zundert, los barrios miserables de Londres, el fondo de la mina y el olor del gas grisú..., fue como si me hubiera rodeado una nube oscura, una nube negra que tapó el sol; ¡y cuando volví a ver, los vi a ellos!

CRISTINA: ¿A quiénes? (*Él se levanta, temblando.*) ¿Qué viste, Vincent?

VINCENT: Los cuervos; una bandada de cuervos se lanzaba sobre el trigal para devorarlo; empezaron a comer el grano y los campesinos los espantaron; yo los ayudé. (*Se sienta.*) ¡Fue horrible!

CRISTINA: No pienses más en eso.

VINCENT: ¡Ver todo ese trigo desaparecer así, sin llegar a germinar...! El trigo debe germinar, como los hombres debemos amar, ¿comprendes, Sien?

CRISTINA: (*Va a salir.*) Claro, Vincent. (*Va a tomar al niño, cuando Vincent la aferra de pronto por los brazos.*)

VINCENT: (*Exaltándose.*) Nos casaremos, Sien, ¿quieres? Todavía hay tiempo para hacerlo todo.

CRISTINA: Casarte..., ¿conmigo? ¡Estás loco!

VINCENT: ¡No digas que no! Theo también se va a casar. Haremos una vida distinta, feliz..., y seremos también respetables, como mis hermanas..., como lo era mi padre. ¿Por qué no? ¿Es que acaso el amor del arte debe necesariamente espantar el amor de la vida?, ¿por qué no poder tener las dos cosas? Yo quiero pintar y tener un hogar, pero hasta ahora..., cada vez que lo intenté, algo malo pasó. (*Ella lo mira como a un niño, negando dulcemente con la cabeza.*) Miguel Ángel dijo que la pintura es una amante celosa, que lo quiere a un hombre todo entero. Es como una maldición.

CRISTINA: (*Se estremece.*) Quizá sea cierto.

VINCENT: Yo me burlaré de esa maldición. Tendré las dos cosas, ¿qué me dices?

CRISTINA: Ya hablaremos de eso, Vincent.

VINCENT: (*Desesperado.*) ¡No quiero que también tú te vayas, Sien! ¡Te necesito tanto!

CRISTINA: (*Compadecida.*) Vamos, cálmate. Todo irá bien. Tendremos dinero, podremos arreglarnos. Nos irá mejor que en París.

VINCENT: París..., no me gusta, no me gusta ninguna ciudad. No debemos vivir en las ciudades. El trigo se muere en la ciudad, se seca..., lo aplastan..., son los cuervos.

CRISTINA: (*Preocupada.*) Estás con fiebre. ¿Por qué no te acuestas un poco?

VINCENT: Estoy bien. (*Al ver que ella duda sobre si salir o no.*) Ve a buscar vino. (*Ella toma al niño.*) Y queso. (*Se acerca y mira al niño.*) ¡Mira cómo me sonríe! ¡Me gustaría pintarlo así!

CRISTINA: (*Mirando al niño.*) Tú le gustas.

VINCENT: Lo haremos feliz, ya verás; él será feliz.

CRISTINA: (*Suave.*) Quisiera creerlo, Vincent; pero tengo miedo, no sé..., es como saber que algo va a pasar... Soy una tonta, no me hagas caso. (*Lo besa de pronto.*) Eres muy bueno, ¿sabes? (*Como extrañada.*) Eres el hombre más bueno que he conocido.

VINCENT: (*Contento.*) No te demores. Luego iremos con Theo al café. (*Para sí.*) Me gustaría pintar ese café. Lo haría en dos colores: rojo y verde. (*Cristina sale; Vincent, como delirando, cierra los ojos un tiempo; luego, acercándose a una pared, dibuja en el aire, como delineando una imagen. Para sí.*) ¡Rojo y verde; expresando las terribles pasiones humanas; haciendo sentir que un hombre podría perderse en ese lugar...! (*Sigue así por un tiempo, "viendo" su cuadro, asintiendo o reprobando su imagen, corrigiéndola. Entra Theo, que se alarma al ver así a Vincent. Se le parece, pero va correctamente vestido, quizás demasiado correctamente. Vincent, al verlo, corre hacia él y lo abraza.*) ¡Theo! ¡Por fin! (*Al ver que Theo observa el lugar.*) ¿Qué te parece la casa?; es como te escribí, ¿no? Pero, pasa, por favor. (*Le hace quitarse el abrigo.*) ¡Siéntate! Estás más delgado, ¿qué te ocurre? Pero, claro, ya sé; París tampoco te resulta. Deberías venir a vivir aquí; basta de ser vendedor de cuadros cuando puedes ser pintor, te lo dije muchas veces.

THEO: Yo no soy pintor.

VINCENT: Uno llega a ser pintor pintando. Y para crecer hay que echar raíces en la tierra en lugar de secarse en el pavimento de la ciudad donde sólo se aprende a buscar dinero y uno se olvida de las cosas que realmente importan. (*Pausa. Theo mira sorprendido la cuna.*) ¿Quieres comer algo? Sien fue a buscar vino, pronto volverá.

THEO: ¿Sien?

VINCENT: (*Nervioso.*) Sí, Cristina, ¿no la recuerdas? (*Theo mira la cuna con aire de reprobación. Vincent, nervioso, tartamudea un poco al hablar.*) Es una gran mujer, y muy buena modelo; ya te mostraré los dibujos que hice de ella. (*Pausa.*) ¿Has visto qué hermoso es este lugar?, Arlés es tan bello como el Japón, ¿no crees? Y está todo por pintar. Pero, ¿por qué no te sientas, o quieres ver la casa primero? Son cuatro habitaciones; ésta es la única que logré amueblar por ahora; la de al lado será el taller, y arriba haremos el cuarto de huéspedes. Ven, te mostraré todo.

THEO: No, será otra vez, Vincent. Tengo poco tiempo.

VINCENT: ¿Que tienes poco tiempo?, ¿acaso no vas a quedarte? (*Theo niega con la cabeza.*)

THEO: Debo tomar el próximo tren; vine de paso, voy a Holanda, a visitar a mamá. En realidad, fue una tontería venir para estar un rato aquí, pero... como te había escrito que venía... (*Vincent se sienta a su lado y lo obliga a mirarlo.*)

VINCENT: Algo malo pasa, Theo, ¿qué es? (*Theo no contesta, triste.*) Es el cuadro, ¿verdad? ¿No lo vendiste? ¿Es eso? (*Theo *asiente.*) Me lo imaginaba. Esta noche soñé contigo; te veía ofreciendo el cuadro de los comedores de papas; y luego veía una gran boca que decía: ¡No!

THEO: (*Enojado.*) El cuadro ya estaba vendido, Vincent. El cliente era muy importante, un gran coleccionista de Bélgica. Ayer tenía que venir a formalizar todo y llevarse el cuadro y cuando apareció, llegó con Tersteeg.

VINCENT: ¿Tersteeg?

THEO: Sí, estaba de paso por París, y como este hombre lo aprecia como crítico, quería su opinión. Entonces, bueno..., imagínate.

VINCENT: Me imagino.

THEO: No le dijo que el cuadro era malo, pero sí que el color no estaba resuelto y, lo más importante, que no le veía posibilidad de valorizarse.

VINCENT: No le dijo que el cuadro era malo, sólo le dijo que no era bueno, comprendo.

THEO: Creo que lo que más le molestó fue el tema; demasiado crudo, parece.

VINCENT: El tema, claro, no es un cuadro para colgarlo en un plácido comedor burgués para que la familia, contenta, se llene la panza mirándolo; puede caerles mal ver cómo otros hombres son deformados por el trabajo, por la miseria. ¡Claro! (*Se sirve una copa y la apura de un trago.*)

THEO: Le aconsejó al cliente un cuadro de Henner, un paisaje insignificante, y el otro, muy contento, lo compró. No pude hacer nada.

VINCENT: (*Para sí.*) Tersteeg, ¿por qué será que casi cada uno de los que buscan su propio camino, de los que quieren encontrarse a sí mismos, ser ellos mismos, escribiendo, pintando..., viviendo, simplemente, encuentra en su camino a alguna de estas personas que siempre lo van a desalentar, los que representan el no, el no perpetuo?

THEO: Son la mayoría, Vincent.

VINCENT: (*Cierra los ojos, obstinado.*) El que quiere hacer algo valioso no debe contar con la aprobación de la mayoría, sólo con la de muy pocos.

THEO: Yo no creí que Tersteeg pudiera hablar así de la nueva pintura, despreciar el impresionismo y, en general..., a Lautrec, a Gauguin, a Signac, no les ve futuro; y de lo tuyo...

VINCENT: De lo mío, que ni siquiera si acerca a ellos..., claro. (*Se pasea un tiempo, nervioso.*) Cuando estuve en La Haya, estudiando con Mauve, acostumbraba verlo a Tersteeg; lo respetaba entonces, creía que sabía mucho; además, había sido mi jefe cuando me empleé en la galería de nuestro tío, ya sabes, y siempre pregonaba su amistad con los Van Gogh. Cuando vio mis primeros trabajos me aconsejó que debía cambiar de estilo y pintar "bonito"; además, debía vestirme elegantemente y frecuentar la sociedad donde más adelante encontraría compradores. Me explicó que sólo había que pintar para ganar dinero y fama; y yo tuve la ingenuidad de contestarle una vez que el pintor que sólo piensa en vender no es un pintor. ¿Para qué lo habré hecho?, desde entonces me dijo que dejara de pintar, que nunca serviría para eso, que era una carga para ti, que te estaba sacrificando por nada.

THEO: (*Nervioso.*) ¡Tonterías! ¿Por qué no me lo contaste?

VINCENT: Una vez, recuerdo que yo estaba desesperado; hacía tres días que no comía, lo que tú mandaste se había ido en pagar modelos, qué se yo, y no quería escribir a casa, y se me ocurrió ver a Tersteeg para ver si me recomendaba algún trabajo, o si me prestaba quince florines.

THEO: ¿Y qué pasó?

VINCENT: No quiso recomendarme nada ni tampoco prestarme el dinero, por mi bien, dijo; para que así dejara de pintar de una vez. Hizo lo mismo que Weissenbruch, pero por el motivo contrario.

THEO: ¿Weissenbruch, el pintor? (*Vincent asiente.*) Creí que era tu amigo.

VINCENT: Lo era; admiraba mis trabajos; por eso, cuando le pedí los quince florines, también me los negó por mi bien.

THEO: No entiendo.

VINCENT: (*Ríe.*) Nunca olvidaré la escena. Weissenbruch estaba en su taller, pintando. (*Se pone en pose, imitando al otro.*) Después de oírme, contestó: "No te prestaré nada; por tu bien. Un artista debe sufrir mucho para realizar una gran obra". ¿Y qué más? ¡Ah!, sí; "el artista que muere de hambre es porque no nació para crear algo importante". Y terminó, profundamente: "Al que es rico, todo se le vuelve riqueza". Y me despidió con un fuerte apretón de manos. (*Pausa.*) A mí me dolía el estómago y estaba ardiendo de fiebre, pero aprendí que lo que pasaba era bueno. ¿Está deprimido? ¿No tiene trabajo? ¿Tiene hambre? Eso es bueno. No fue la única vez que escuché ese argumento.

THEO: ¡Hijos de...!

VINCENT: ¡Y lo peor es que no son malos; son artistas, críticos, colegas...; buena gente! Gente que está en lo mismo que uno; ¿cómo pueden ser así?, ¿cómo no comprenden que uno no pide nada más que un poco de tranquilidad para poder seguir buscando? ¿Por qué necesitan ver que uno se desangra, Theo? No lo comprendo. (*Pausa.*) Es curioso; al principio, yo tenía miedo de que no iba a tener nada que decir..., nada que valiera la pena de ser escuchado; eso era lo único que justificaba para mí ser artista; pero ahora que ya lo tengo..., veo que la mayoría se irrita conmigo justamente por eso. Creen que un pintor que conoce la técnica debe dedicarse sólo a sacarle provecho en dinero...; no saben lo fácil que puede ser eso, si uno deja de buscar..., si no sigue diciendo su verdad. (*Se sirve otra copa; le pasa la botella a Theo, que también se sirve.*) ¡Hay que hacer la comunidad de artistas, Theo; es la única forma de que esto cambie!

THEO: Es muy difícil, Vincent. Hace falta mucho dinero para empezar, por lo menos cinco mil francos.

VINCENT: Lo primero es tener los cuadros. Dime, ¿cómo está Gauguin?

THEO: Sigue enfermo; sin dinero y soñando con volver a la Martinica; pero, ¿cómo?, ni siquiera tiene taller para trabajar.

VINCENT: Tiene que venir aquí. Le escribiré esta noche. (*Se entusiasma con la idea.*) Sí, aunque no haya muebles, ya nos arreglaremos. Le gustará Arlés, imagínate, con su colorido, descubrirá aquí un mundo. ¡Será estupendo! (*Theo lo mira con desaprobación.*) ¿Qué pasa, Theo?

THEO: No puede ser, Vincent. No podemos seguir así. (*Se levanta, agitado.*)

VINCENT: ¿Es que no quieres que venga Paul?, ¿no era ése el plan?

THEO: No es eso; claro que era el plan, si Tersteeg hubiera aceptado la idea y hubiera aportado dinero, pero así...; Vincent, ¿qué es lo que pretendes?, vivir aquí con Cristina, con el niño, con Gauguin..., ¿y me imagino que también te gustaría invitar a Pissarro y a Emile? (*Vincent asiente.*) ¿No ves?, ¿quién los va a mantener?, ¿yo, con mi miserable sueldo de la galería? ¿Es que no piensas en lo que me estás haciendo? Estoy por casarme; ¿qué crees que dirá Johanna cuando le explique que la mayor parte de mi sueldo se dedicará a mantener a mi hermano pintor, a sus amigos y a su...? Y esto de tener aquí a Cristina es lo peor; ¿cómo se te ocurrió volverla a traer?, ¿qué le diré a mamá cuando me pregunte por ti, que estás otra vez viviendo con una... con una ramera? (*Vincent se levanta, enojado.*) Eso es lo que es, Vincent; y no puede ser. Además de ser mayor que tú, no es buena.

VINCENT: ¡Si no es buena, es porque la vida la trató mal; si supieras lo que sufrió...!

THEO: ¡No me importa!

VINCENT: Quiero casarme con ella.

THEO: ¿Cómo?

VINCENT: Quiero tener un hogar de veras; no me interesa presentar a Sien a nuestra familia; ya no pertenezco a esa gente, soy un trabajador. (*Desesperado.*) No puedo seguir solo, Theo; tú sabes, si la prima Kay hubiera aceptado, nos hubiéramos casado, y quizás todo sería distinto; pero salió mal, como antes con Ursula, y también con Margot; la gente "bien" no me aceptó; y ya es tarde para cambiar eso. Sien es distinta; es mala, dices. Quizás; pero el que conoce sus defectos no critica los ajenos. Yo conozco los míos, y sé que Sien es mi única esperanza. ¿No ves?, esto es un verdadero taller ahora, y un hogar, con una mujer, con un niño que quiero como si fuera mío; ¿no lo entiendes?

THEO: (*Con lástima.*) ¿Ella te quiere o sólo busca un lugar donde comer, dormir y poder cuidar a su hijo? Te estás engañando, Vincent; como siempre. (*Pausa.*) Sea como fuere, esto tiene que cambiar. Tienes treinta y cinco años; no puedes seguir así, en un agujero, sin trabajar.

VINCENT: (*Asombrado.*) ¿Sin trabajar?, ¿sabes cuántos cuadros he pintado desde que llegué a Arlés?, nunca pinté tanto. ¡Mira!

THEO: ¡Oh!, Vincent, ¿es que no comprendes? No, no comprendes. (*Se deja caer sobre una silla.*)

VINCENT: (*Desconcertado.*) Que esto es un agujero, ¿por qué?, ¿porque no trabajo como el resto de la gente, para ganar dinero, para ahorrar y tener cosas? ¡Quizás un empleo como el tuyo sea un agujero peor que éste! Yo sé que mi vida no es como la de todos; lo sé, ¿te crees que no sufro por eso?, pero hay algo dentro de mí que me lleva no sé adonde, como una fuerza que crece, y lo que hay dentro de uno debe salir; sí, sé que debo seguir por este camino, llegar a mí mismo, aunque eso signifique quizás encontrar que no soy nada ni valgo nada; pero debo estar seguro de que estoy equivocado; ¡todavía no lo sé, Theo!

THEO: Para Tersteeg, para nuestra familia, para los amigos, eres un fracasado. Me he peleado con todo el mundo defendiéndote, y ahora, no sé si hago bien en ayudarte. Mírate, mira como vistes... (*Vincent tose.*) Y estás enfermo.

VINCENT: Estoy mejor que en París; en unas semanas se me habrá pasado todo esto.

THEO: Además, ¿cómo saber si no te cansarás mañana de pintar y buscarás otra cosa?, ¡te has pasado la vida cambiando de trabajo, dejando todo por la mitad!

VINCENT: Fracasando, es cierto. (*Pausa.*) ¿Recuerdas, Theo, esa vez, en el molino de Rijswijk? Eramos muy chicos; hablamos sobre lo hermoso que sería llegar a la verdad, que sería como llegar al sol; y que se podía educar a los hombres para ser buenos; mostrándoles lo bueno y lo bello. Dijimos que si sólo hubiera en el mundo diez personas decididas a practicar el bien, el mundo cambiaría para mejor; y juramos dedicar nuestra vida a buscar la verdad y hacer el bien; y a no aflojar aunque todo el mundo estuviera en contra.

THEO: (*Triste.*) ¡Qué niños éramos!, ¡y qué ilusos! Eso se puede pensar cuando uno es chico, después hay que cambiar; si no, el mundo te traga.

VINCENT: Yo sigo creyendo lo mismo. Sé que he perdido la confianza de muchos, pero mi modo de ver y pensar no ha cambiado, y si en algo ha cambiado, es porque ahora pienso, creo y amo de una manera mucho más profunda lo que entonces pensaba, creía y amaba. (*Pausa.*) Pero creía que tú pensabas igual..., si no lo crees... (*Está muy angustiado.*)

THEO: ¡No es eso; es que... estoy cansado, Vincent; yo también estoy cansado de luchar contra un empleo que odio; donde no puedo ayudar a los artistas que valen, y me veo obligado a guardar sus obras en un subsuelo y mostrarlas a escondidas; mientras oficialmente debo vender los cuadros "bonitos" de Henner y los otros, los que están de moda! (*Se levanta, decidido.*) No, esto debe cambiar, Vincent. Tersteeg dice que te estoy perjudicando al ayudarte.

VINCENT: ¿Y tú le crees?, ¿crees que lo que hago no vale realmente? (*Se miran un tiempo.*)

THEO: (*Cansado.*) No lo sé, Vincent. Ya no sé si me gusta lo que haces sólo porque eres mi hermano y porque te quiero; me gusta, claro; pero todos están en contra. Además, tu manera de vivir...

VINCENT: ¿Y eso qué importa?, ¿qué importa la vida privada de un artista?, sólo importa su obra, y que su obra sea bella. ¡Si pudiera lograr eso, no me importaría ningún sacrificio! (*Se escucha el sonido de un tren.*)

THEO: Debo irme. Piensa en todo esto. Lo único que sé es que no puedo mantenerte a ti y a Cristina...; puedo seguir ayudándote si vives solo y trabajas fuerte; por lo menos, probar todavía por un tiempo, pero no así. Una cosa es ayudarte a seguir pintando y otra muy distinta sería mantener a tu querida y a su niño; eso no puedo hacerlo. Si quieres seguir con ella, deja de pintar; toma cualquier trabajo y abandona tu sueño...; ese sueño absurdo.

VINCENT: Era tu sueño también, Theo.

THEO: Ya no lo es más.

VINCENT: Al ayudarme, tienes tu parte en el sueño, Theo; es como si pintaras también.

THEO: No quiero eso; quiero vivir como todos y ser feliz, ¿comprendes? Y quisiera que tú también lo seas. (*Va a salir; se acerca a Vincent, que sigue sentado, muy triste.*) ¿Entiendes; verdad, Vincent?

VINCENT: ¡Claro! Sí, Theo, claro que lo entiendo. (*Estrecha cariñosamente la mano de Theo.*)

THEO: ¿Me escribirás lo que decidas?Estaré en Holanda una semana. No le diré nada a mamá de..., de todo esto. (*Señala el cuarto.*) Sé sensato, Vincent; por una vez en tu vida. (*Vincent lo mira y sonríe.*) ¿Espero tu carta, entonces?

VINCENT: Sí, claro, Theo. Te escribiré. Saluda a mamá y a Will en mi nombre.

THEO: Adiós, Vincent.

VINCENT: Adiós, Theo. (*Theo sale; Vincent permanece un tiempo sentado, luego busca la botella; al ver que está vacía la deja caer en un cesto de papeles; toma su abrigo y sale.*)

Cuadro II

El café a la noche; tal como en el cuadro "Café nocturno". El clima de color responde al contraste rojo-verde intenso. Vincent y Roulin, con uniforme de cartero, están sentados a una mesa, bebiendo; están borrachos. Roulin tararea la Marsellesa.

VINCENT: (*Contento, mientras sirve otras copas.*) Siga, siga usted, señor Roulin. ¿Sabe?, a veces, cuando estoy con usted, creo que estamos en el 1789, y que estoy viendo a un personaje de entonces.

ROULIN: (*Eufórico.*) ¡Esos eran tiempos! ¡Brindemos por el 89, señor Vincent! ¿Quiere?

VINCENT: ¡Claro! ¡Por la revolución! (*Beben solemnemente.*)

ROULIN: ¡Por la revolución!

VINCENT: Usted se parece mucho a un amigo de París; lo llamamos Papá Tanguy; tiene una tienda de telas y óleos; un gran tipo, también republicano. ¡El dice que cualquiera que viva con más de cincuenta céntimos por día es un ladrón; y dice que no hay nada más vil que ser rico! ¡Tiene razón, claro; y se la pasa aceptando cuadros de un montón de malos pintores, de los que no se venden; Pissaro, Cézanne y mi buen amigo Gauguin, los peores!, ¡si hasta acepta los míos y los cuelga en la trastienda de su negocio! ¡Imagínese! Y sueña con el cambio que vendrá. ¡Brindemos por el cambio que vendrá, señor Roulin; y para que podamos verlo! (*Beben.*)

ROULIN: ¡Por el cambio que vendrá! (*Vincent dormita; Roulin tararea su tonada.*)

VINCENT: (*Despierta de pronto.*) Hay que ser sensatos, señor Roulin, ¿comprende?

ROULIN: Claro, señor Vincent.

VINCENT: Hay que ser sensatos, dice mi hermano; mi hermanito Theo; sensatos, como los cuervos. ¿Le gustan los cuervos, señor Roulin?

ROULIN: No, no me gustan señor Vincent.

VINCENT: Hoy volaban sobre el trigal; uno de los muchachos tenía un revólver y les disparaba: ¡Pa! ¡Pa! (*Se levanta e imita la acción de disparar.*) ¡Y los muy repugnantes caían! (*Se sienta, triste.*) Se comen el trigo y eso está mal, señor Roulin. ¿No cree?

ROULIN: Claro, señor Vincent.

VINCENT: Los granos de trigo deben cumplir su destino, y su destino es germinar; volver a la tierra y germinar. Pero hay granos que no germinan, ¿sabe, señor Roulin?, claro que no. ¿Usted sabe que hay granos que no germinan?

ROULIN: ¡Claro que lo sé!, si un grano...

VINCENT: (*Sin escucharlo.*) La mayor parte de los granos no se desarrolla del todo sino que va al molino; lo mismo que los hombres; en cada ser humano hay una fuerza para germinar: el amor; pero si somos contrariados en nuestra evolución por circunstancias tan adversas como la del grano entre las piedras del molino, entonces somos destruidos sin germinar; al que le pasa esto, tiene su muerte en vida. Pero además hay otra posibilidad de no germinar, y es ser devorados por los cuervos.

(*Pausa. Ríe.*) O comidos por los cuervos, o triturados por el molino. Eso les pasa a los hombres condenados; o los agarra el molino con las malas circunstancias de la vida, ese destino miserable que uno tiene, o lo devoran los cuervos, en la forma de otros hombres, de la mayoría que trata de imponer sus leyes, las leyes de la mediocridad, de la ambición absurda y de una vida sin sentido; la mayoría que envidia a los pocos que pueden crear algo bello..., y por eso los odia y quiere destruirlos. Sí, amigo Roulin; hay hombres que tienen luz en el alma, y son como esos granos que intentan fructificar y dejar algo hermoso; y otros son como esos cuervos; cuervos satisfechos, sensatos, panzones... (*Contento.*) Cuervos panzones, se podría hacer una linda canción... (*Canta, con cualquier melodía.*) Cuervos panzones..., cuervos panzones... (*Vacía la botella y la tira violentamente a un lado con gran estrépito. Roulin, menos borracho, se alarma.*)

ROULIN: Creo que debería irse a acostar, señor Vincent.

VINCENT: ¿Acostar? No..., la noche recién empieza, mi querido señor Roulin, mi querido señor Joseph Roulin. Le dije que lo iba a dibujar; y lo empecé, claro; ¿dónde diablos está mi dibujo? (*Levanta un cuaderno que está tirado debajo de la mesa y se pone a dibujar mientras tararea entre dientes su melodía. Entra Cristina y se acerca.*) ¡Ah, Cristina; mi querida Sien...; qué bien vienes..., podría hacer una composición! ¡Nunca tengo modelos y ahora tengo dos, eso hay que aprovecharlo! ¿Por qué no te pones más cerca del señor Roulin? (*Roulin se levanta.*) Una escena de tentación, digamos...; o una propuesta. Vamos, tú sabes cómo hacer una propuesta; ¿no, Sien? Así te conocí.

ROULIN: (*Molesto.*) Será mejor que sigamos otro día, señor Vincent.

VINCENT: No se vaya, señor Roulin; quiero terminar este dibujo.

ROULIN: Enseguida vuelvo; tengo que hablar con Ginoux. (*A Cristina.*) Buenas noches, señorita Cristina.

CRISTINA: Buenas noches, señor Roulin. (*Roulin va hacia el mostrador y se sienta.*)

VINCENT: (*Disgustado.* Otra vez me quedo por la mitad; como todo lo que hago. Vincent Van Gogh, el que lo hace todo por la mitad; perfecto... pero por la mitad. ¿Será posible que nunca llegue a sacarlo bien?, y es un gran modelo, ¿sabes?, con esa cabeza de Sócrates que tiene. El cartero Sócrates, y no creas, tiene su sabiduría; tendrías que oírlo cuando empieza a filosofar. (*Ella se sienta y lo observa; Vincent dibuja, se le rompe el lápiz.*) Este maldito lápiz...; ¿a quién se le ocurrió que se puede dibujar con un lápiz?, es blando como...; ¡maldito sea, no se puede trabajar con esto! Carbón..., ¿no tendré...? (*Busca en sus bolsillos y encuentra un pedazo de carbonilla.*) Sí, espero que alcance. (*A Roulin, gritando.*) ¡Eh, Roulin! (*Va a seguir llamándolo, pero Cristina se lo impide.*)

CRISTINA: ¿Qué pasa, Vincent? Te esperé todo este tiempo; vi salir a Theo, ir para la estación. Me imaginé que estarías aquí. ¿Por qué no se quedó Theo?

VINCENT: Tenía que ir a Holanda..., de urgencia.

CRISTINA: ¿Salió mal lo del cuadro? ¿No se vendió?

VINCENT: No. (*Va a buscar otra botella; vuelve y bebe.*)

CRISTINA: ¿Y qué dijo sobre mí? No le gustó, ¿verdad? (*Pausa.*) ¡Dímelo, Vincent!

VINCENT: ¿A quién le importa lo que dice Theo? No sabe lo que dice. Dice que estoy en un agujero. El está en un agujero, y se está perdiendo; está perdiendo su vida por miedo a ser distinto, ¿sabes?, porque no se atreve a romper las rejas de su jaula. Vendedor de cuadros cuando puede ser pintor, ¿por qué? ¿No lo sientes, Sien?

CRISTINA: ¿Qué?

VINCENT: Los muros; son como los barrotes de una jaula..., como si todo el mundo fuera una gran ratonera con paredes que se van estrechando..., yo lo siento..., siento que me quieren ahogar, para que no pinte; ¡pero no quiero! ¡No quiero! (*Gritando, se levanta; Roulin lo mira, inquieto; Cristina lo hace sentarse.*)

CRISTINA: (*Tocándole la frente.*) Estás enfermo; debes volver a casa, a acostarte.

VINCENT: No estoy enfermo. Estoy muy bien. (*Con ira.*) No quiero que me cuides así; no eres mi mujer; ¿qué te crees?, tú eres una..., Theo dice que... (*Al ver la mirada triste de Sien.*) ¡Bah!, no me hagas caso.

CRISTINA: Vamos a casa.

VINCENT: ¡No quiero! Déjame tranquilo. ¡Si no fuera por ti, no habría problemas! Theo no se hubiera enojado, pero yo siempre tengo que complicar las cosas; ¿por qué se me habrá ocurrido traerte? Yo no sirvo para vivir con mujeres. Todas las mujeres con las que tuve que ver fueron desdichadas; una se burló de mí, pero las otras me querían y las obligaron a dejarme. No sirvo para nada; las mujeres buenas no pueden vivir conmigo y tú...; pero tú no eres buena, claro. Estás conmigo por interés, dice Theo. Si quiero seguir contigo, tendré que buscar un empleo, volver a vender cuadros de otros y no pintar más; él no me ayudará más. Y todo por una... (*La mira y, de pronto, arrepentido.*) ¡Oh, no; Sien, no sé lo que estoy diciendo! No me hagas caso. ¿Me oyes, mi Sien?, estoy enfermo...; no, estoy borracho...; debe ser el mistral; ¿no lo sientes?, hace tanto frío; cada vez que sopla ese viento del diablo me pasa algo malo; no soy yo mismo, no sé lo que digo, ni lo que hago; perdóname, Sien; ¿me perdonas?

CRISTINA: Claro, Vincent; claro.

VINCENT: (*Desesperado.*) No me dejes, Sien; si tú me dejas, estaré perdido, ¿sabes? Perdido. (*Se adormece, con la cabeza entre los brazos; ella le acaricia dulcemente el cabello.*)

CRISTINA: Mientras tengas cerca un papel y un pedazo de carbón, no estarás perdido, Vincent. (*Hace señas a Roulin, que los está mirando, para que se acerque y, cuando él lo hace:*) Cuídelo, señor Roulin; por favor, está enfermo.

ROULIN: No se preocupe, señorita Cristina; lo llevaré a su casa cuando despierte.

CRISTINA: Gracias, señor Roulin. Buenas noches. (*Se estremece.*) ¡Qué frío hace de pronto!

ROULIN: ¡Es ese viento maldito!

CRISTINA: (*Se arregla el chal.*) Buenas noches.

ROULIN: Buenas noches, señorita Cristina. (*Ella mira una vez más a Vincent con ternura; aparta la copa que él podría tirar si mueve el brazo y sale. Roulin se sienta cerca de Vincent y espera. Después de un tiempo, Vincent despierta; sonríe a Roulin, sereno.*)

VINCENT: Creo que me dormí. Caramba, si no terminé el dibujo. Vamos a ver; sigamos. (*Se pone a dibujar.*) Es curioso, es la primera vez que me pasa; soñé con Cristina; ¿sabe, amigo Roulin?, soñé que estaba aquí, hablando conmigo.

ROULIN: La señorita Cristina estuvo aquí; se fue hace un momento.

VINCENT: ¿Estuvo aquí? (*Tratando de recordar.*) ¿No sabe si discutimos?

ROULIN: Creo que...; bueno, me parece que usted se enojó por algo, y después se quedó dormido.

VINCENT: (*De pronto.*) Señor Roulin, ¿sabe?, soy un tonto. Cristina es una gran mujer. Me casaré con ella.

ROULIN: Me parece muy bien, señor Vincent.

VINCENT: Le escribiré a mi hermano esta noche; volveremos a París y tomaré otra vez mi antiguo empleo en la galería. Mis tíos serán felices; ¿le conté de mi tío Jan, el vicealmirante?, es todo un personaje en la Armada Real; y el otro, el comerciante, es riquísimo y no tiene hijos; mi padre, que en paz descanse, siempre decía que si yo seguía por el honesto camino del comercio, su hermano me dejaría toda su fortuna; yo era el sobrino preferido. ¿Puede creer que yo llegaré a tener una gran fortuna?, ¿por qué no?, ya verán que puedo ser respetable si quiero, y tendrán que aceptar a Sien. (*Tratando de convencerse y alegrarse.*) No voy a pintar más; la pintura es un veneno, dice Gauguin; un maldito vicio, decía mi padre. Me dedicaré a vender cuadros de otros, de los arrima colores que hacen paisajes bonitos. Se los mostraré a los clientes estúpidos y seré muy convincente. (*Imitando la acción.*) "Señor: usted debe llevarse este cuadro; ¿de qué color son las paredes de su comedor?: ¿Rosa? ¡Ah, perfecto! No podría ir mejor. Y aquí tiene un buen Henner; ¿que si es un buen pintor?... ¡Excelente, señor; excelente! Nada de impresionistas ni de cosas raras; ¡esos pintores nuevos están todos locos; Renoir, Cézanne, todos esos, pura basura! Llévese este Henner; además de quedar bien, se va a valorizar, señor. En confianza, en seis meses triplica su valor. ¿Que si estoy seguro?, pero, señor, ¡usted me ofende; le doy mi palabra; palabra de Van Gogh!, ¡del comerciante Vincent Van Gogh! (*Se sienta otra vez.*) No más romperme la cabeza contra el muro; no más buscar. Viviré como todos; seré normal, feliz; un pájaro que acepta su jaula; tendré mi empleo, mi mujer, y todo estará bien. (*Demasiado contento.*) ¡Seré un cuervo panzón..., qué felicidad! Será maravilloso, señor Roulin; tengo que decírselo a Cristina. (*Se levanta tambaleándose.*) ROULIN: Lo acompaño, señor Vincent. Espere. (*Vincent va saliendo; trastabilla; Roulin lo sostiene, meneando la cabeza con aire de duda. Salen.*)

Cuadro III –

El dormitorio, a oscuras. Clima naranja-azul pálido; predominando el azul de la noche. Se escucha la voz de Vincent que llega cantando.

VINCENT: (*Con la música de La Marsellesa.*) Seré un cuervo panzón, la, la; la, la...; seré un cuervo panzón... ¡Sien! ¡Sien! (*Enciende una lámpara de gas; el cuarto está vacío. Vincent se asoma al otro, también vacío, y luego se vuelve.*) ¡Sien! (*Se acerca, extrañado, a la cuna y se queda mirándola; la cuna está vacía. Entra Roulin, agitado. Vincent, con asombro.*) No está, Roulin.

ROULIN: Acabo de dejarla en la estación, señor Vincent...; me pareció verla cuando veníamos; le grité a usted pero no me oyó.

VINCENT: Y se llevó al niño..., ¿a esta hora llevarse al niño?, ¿no vio que es demasiado tarde para sacarlo? ¡Y con este viento!, ¡se volverá a resfriar, todavía está delicado!

ROULIN: Está esperando el tren, señor Vincent; me dijo que se va a París.

VINCENT: ¿A París?

ROULIN: Me pidió que le diga que no se preocupe por ella, que no la busque, que estará muy bien. Y que su hermano tiene razón; que usted debe seguir pintando, sólo pintando. (*Vincent se sienta pesadamente ante el cuadro de la casa que pintó a la tarde, y lo mira.*)

VINCENT: Dice que estará bien...

ROULIN: El tren debe estar por llegar; todavía puede alcanzarla, señor Vincent; yo traté de detenerla pero no quiso oírme; sin embargo, si usted va...

VINCENT: Sí, claro. (*Acaricia el borde de la cuna.*) Nos han hecho una mala jugada, ¿eh, chiquito?

ROULIN: Yo me adelantaré; le diré que usted no se siente bien; temo que el tren esté por llegar. ¿Usted ya viene?

VINCENT: Sí, Roulin; ya voy.

ROULIN: Hasta luego, entonces.

VINCENT: Hasta luego. (*Roulin sale; Vincent mira el cuadro, preocupado.*) Este azul no está bien; ¿cómo pude ponerlo? Destruye todo el clima; debería darse toda la ternura de una historia de amor en primavera; sólo rosas y verdes muy suaves. ¡Este azul no tiene nada que ver, nada! (*Toma una espátula y raspa una parte; luego, como no ve bien, enciende otra lámpara; arregla el cuadro sobre el caballete y toma un pincel. Se sienta y observa el trabajo. A lo lejos, se escucha el silbato de un tren que se acerca. Vincent menea la cabeza con desaprobación.*) No, to- davía no. (*Toma su pipa; la enciende; fuma y luego pone algunos colores en la paleta sin dejar de volverse de vez en cuando hacia el cuadro. Por fin, con la paleta en la mano, se acerca y empieza a pintar, muy concentrado en su trabajo. Se escucha, más cerca, el silbato del tren que va a partir y, después de un tiempo, mientras Vincent sigue pintando, se escucha el sonido del tren que se aleja, al mismo tiempo que la luz va atenuándose sobre la escena.*)

Acto II

Cuadro I: *El taller, junto al dormitorio de la Casa Amarilla. Varios caballetes, cuadros y materiales de pintura. Es a la tarde; clima naranja-azul intenso; con matices amarillos y violáceos que anuncian un cambio. Gauguin está pintando su autorretrato ante un espejo. Da impresión de gran fuerza, aunque parece prematuramente envejecido. Viste de una manera estrafalaria, con pantalones de terciopelo, un chaleco bordado, sucio de pintura; y zuecos de madera clara. En otro caballete, a medio trabajar, hay un autorretrato de Vincent y, por todos lados, bocetos y cuadros con temas de los girasoles y de la noche estrellada. Entra Vincent, acalorado y con aspecto huraño.*

GAUGUIN: Hola, Vincent. (*Vincent, sin contestar, deja la valija y algunos cartones sobre una mesa. Gauguin, sorprendido, lo observa; Vincent se deja caer sobre una silla.*) ¿Trabajaste mucho? (*Vincent toma su pipa y la enciende lentamente; Gauguin, enojado, parece ir a decir algo pero luego, pensándolo mejor:*) ¿Tienes algún carmín? (*Vincent busca sobre la mesa; elige un óleo y se lo da.*) Gracias. La verdad, no sé cómo puedes encontrar un color en medio de este desorden. Yo no pude. (*Trata con dificultad de poner el color en la paleta.*) ¡Está endurecido, por mil diablos! ¡Fíjate cómo está! ¿No puedes acordarte de cerrar los óleos después de trabajar?, ¡no entiendo cómo logras hacer algo en estas condiciones!, ¡y después te quejas de que no puedes pintar...! (*Enojado, se vuelve hacia Vincent, que sigue fumando, con aparente serenidad.*) ¿Qué diablos te pasa ahora?

VINCENT: (*Después de un tiempo, triste.*) Estamos equivocados, Paul.

GAUGUIN: ¿Equivocados?, ¿a qué te refieres? ¡Yo estoy equivocado en tantas cosas que si no me lo aclaras...! (*Trata de pintar pero ya no puede concentrarse; tira la paleta sobre la mesa, furioso.*) ¡Vamos, habla de una vez! ¡En dos meses que llevo aquí era uno de los primeros días que conseguía trabajar tranquilo y tienes que venir a echarlo todo a perder! (*Tratando de calmarse y buscando su pipa.*) ¿Qué pasa, Vincent?

VINCENT: Estaba pintando antes..., cerca del puente..., y pasó una familia de campesinos; se pararon a verme trabajar.

GAUGUIN: ¿Y eso qué tiene?, ¿te molestaron acaso?

VINCENT: Eran tres chicos; uno de unos cinco años, otro como de tres, y otro en brazos de la mujer. El color de su piel era tan extraño, no era humano; y las piernitas... (*Muestra con los dedos algo muy fino.*) No puedes imaginártelo. Los más chicos se chupaban las manos con desesperación. Todos estaban hambrientos, la mujer enferma; como el padre se quedó sin trabajo, se iban al Norte, a ver si conseguía algo. Miraban el cuadro, y el mayorcito, muy contento porque podía reconocer el puente y las casas. (*Pausa.*) No pude seguir pintando, Paul. Miré mis manos y me sentí tan inútil; no podía hacer nada por ellos, sólo pintarlos, como lo hice tantas veces, pero... no tiene sentido, Paul. No está bien. Pintar a los desdichados para que los ricos cuelguen luego esos cuadros como adorno en sus casas; ¿para eso sirve la pintura? ¿Es eso todo lo que habré hecho por la gente que sufre el día que consiga pintar bien? Tiene que haber otra cosa, algo que permita ayudarlos ya, ahora; la política, quizás, no sé.

GAUGUIN: No digas eso. La pintura, el arte, pueden hacer más que la política por la gente; tus cuadros, los míos, harán que cambien muchas cosas.

VINCENT: (*Triste.*) No, Paul. No puedo creerlo más. ¿Te acuerdas de lo que decíamos en París?; ¿que el arte es el instrumento más revolucionario? No, estábamos equivocados; el arte no afecta a los poderosos, se ríen de él, nos usan para hacerles cosas bonitas, simplemente; saben que dependemos de ellos.

GAUGUIN: Pues vuelve a ser predicador, entonces; ¿qué es lo que quieres?

VINCENT: No sirvo para predicador; y no sirvo para pintor, no sé pintar. Si por lo menos pudiera decir bien, con fuerza, lo que creo..., me sentiría mejor, pero ni siquiera eso..., soy un fracaso, Paul. No volveré a pintar. ¿Para qué? (*Callan un tiempo; fuman.*)

GAUGUIN: ¿Comiste,Vincent? (*Vincent no contesta.*) ¡Qué pregunta tonta! Me imagino que tu almuerzo habrá ido a parar a manos de esa gente, ¿verdad? Espera, te prepararé algo; cuando hayas comido, te sentirás mejor. (*Va a salir pero Vincent lo detiene, furioso.*)

VINCENT: ¡No quiero comer! ¡Tú y tus habilidades para la cocina! ¿Cómo puedes preocuparte tanto por la comida?

GAUGUIN: Si no lo hiciera, me moriría de hambre y, franca-
mente, no tengo interés en eso. (*Va al dormitorio; busca en la
despensa improvisada sobre la mesa.*) Y te convendría aprender
algo de cocina, Vincent, en lugar de comer sólo pan y queso;
¡así parece tu estómago, amigo!

VINCENT: (*Temblando de ira.*) ¡Tu comida es pura bazofia!

GAUGUIN: (*Sirviendo un plato para Vincent.*) Sin embargo,
ayer nomás decías que te parecía exquisita, Vincent, no te entiendo.

VINCENT: ¿Cómo puedes ser tan repugnantemente práctico
siempre! Tú, Paul Gauguin, el nieto de Flora Tristán, la revo-
lucionaria; ¿quieres decirme que no te importa nada de nada?
¿Es que te has vuelto también otro arrima colores? (*Se para
ante unos cuadros de Gauguin.*) ¡Mira tus temas, eso es pura
literatura, es lo que hacen los pintores que no saben mirar las
cosas! ¡Estás soñando con paraísos desconocidos; conformán-
dote con mitos, escapándote de la realidad! ¿No ves que estás
haciendo cuadros para vender?, ¿que te estás traicionando?

GAUGUIN: (*Vuelve al taller; deja el plato sobre una mesa.*)
¡Cállate, Vincent! (*Nervioso.*) ¡A través del mundo que yo pinto, los hombres sentirán la nostalgia de lo que podría ser su
vida si fueran puros!

VINCENT: ¿Puros como esos salvajes de las colonias que
nunca viste y que te empeñas en creer angelicales?

GAUGUIN: Los veré. Si no hubiera sido por la enfermedad
de Laval, habríamos llegado el año pasado a Tahití; entonces
tuvimos que quedarnos en la Martinica y luego volver a París;
¡pero en cuanto pueda reunir algún dinero me iré a alguna isla

feliz, y pintándola haré que los civilizados añoren lo que han perdido y entiendan qué significa vivir de veras, con justicia, con inocencia! (*Entusiasmado.*) ¡Hay que irse de aquí, Vincent; lejos de esta Europa podrida y decadente; debes irte para poder pintar; si no, te hundirás en la misma podredumbre! ¡Mira lo que pintas: patatas, limones, arenques..., eso no puede ser!

VINCENT: (*Sentándose.*) Yo no necesito inventar historias, Paul; me alcanza con mirar las cosas; ¡si sólo pudiera verlas bien...!

GAUGUIN: ¡No llegarás a nada pintando así, con modelos como...; como esto! (*Saca de un rincón un par de zapatos viejos.*) ¿No comprendes, Vincent?, ¿qué puede significar para nadie un par de zapatos llenos de lodo por bien que los pintes? (*Tira los zapatos, enojado; Vincent los toma con dulzura.*)

VINCENT: ¿Nunca te conté sobre estos zapatos?

GAUGUIN: Me imagino que los encontraste en algún basural y te inspiraron, simplemente. (*Vincent niega con la cabeza.*) ¿No?

VINCENT: No. ¿Sabes?, cuando tenía veintisiete años abandoné mi empleo en la galería de arte de mi tío, en París, y volví a Holanda; quería ser pastor, como mi padre, pero fracasé en mis estudios de teología y me hice predicador. Conseguí una misión en el Borinage, en Bélgica, entre los mineros; éstos son los zapatos que usé durante ese tiempo. (*Gauguin se sienta, los dos fuman.*) ¿Conoces esa zona? Los mineros viven en las tinieblas de la mina toda la semana; sólo ven el sol los domingos; se les paga muy mal, mueren antes de tiempo y a los treinta años ya son viejos. ¡Tendrías que verlos en el invierno, cuando salen de la mina, negros del carbón, andando entre la nieve...!

(*Pausa.*) Me llevaba muy bien con ellos; aunque eran casi todos católicos, soportaban a los protestantes; a mí me dieron un salón de baile para predicar...; bueno, si eso era predicar; tengo tan mala memoria que tenía que leer los sermones y, además, ya sabes, cuando hablo rápido, tartamudeo. (*Ríe tristemente.*) ¡Imagínate, era un desastre! Un día hubo una explosión de grisú, quedaron sesenta y cuatro atrapados en la mina, también mujeres y niños.

GAUGUIN: ¿Niños?

VINCENT: (*Asiente.*) Los emplean desde los ocho años para llevar las carretillas. Rescataron a diez hombres y la sociedad minera decidió abandonar a los otros, porque el rescate demoraría mucho tiempo y costaría demasiado; entonces, los dieron por desaparecidos. Y en cuanto a los heridos, ordenaron ocuparse sólo de los curables y abandonar a los moribundos. Cuando llegué, vi a un hombre con la cabeza cubierta de sangre; tenía el cráneo agujereado por los trozos de carbón. El médico lo había dejado librado a su suerte; lo busqué y me dijo que no se podía hacer nada por ese hombre; a menos que alguien lo atendiera cada minuto durante cuarenta días; el hombre no tenía familia, y la compañía minera no podía darse ese lujo. Estuve cuarenta y cinco días con ese hombre, lavándole las llagas y pidiéndole que viviera. Antes de dejar el Borinage, me despedí de ese minero que tenía en la frente una banda de cicatrices, como una corona de espinas, y tuve la visión de Cristo resucitado. Ese rostro es el que yo veo en este par de zapatos, ¿comprendes? No, tú no puedes comprenderlo. (*Gauguin se levanta; sirve unas copas y le da una a Vincent, que bebe.*)

GAUGUIN: ¿Por qué dejaste de ser predicador, Vincent?

VINCENT: No servía, ¿no te dije? Además, parece que me tomaba demasiado en serio la religión; quería vivir lo que enseñaba. Después de compartir la vida de esa gente, empecé a dudar de la religión elegante y pulcra de los pastores como mi padre. El se enojó cuando fue a visitarme y vio cómo vivía; y no fue el único; por querer vivir como cristiano, creyeron que me ponía contra la Iglesia. Además, vi que había cosas que no estaban bien en la manera en que nos habían enseñado la religión, y que querían que nosotros enseñáramos; como una religión que sólo consuela y hace aceptar el destino que se tiene, y eso no podía ser.

GAUGUIN: ¿Que no podía ser?, ¿por qué?

VINCENT: Yo pensaba que está bien enseñar la resignación ante la muerte; ante la enfermedad inevitable; pero no ante la injusticia, ¿comprendes, Paul?, no ante el sufrimiento que no es inevitable sino que nace de la conducta de otros hombres. La redención debe comenzar por ser una liberación de los males de la tierra. (*Pausa.*) Esa gente vivía de una manera injusta, y los responsables eran otros hombres que no tenían piedad cristiana ni amor al prójimo; por eso, después de esa explosión, yo alenté una huelga, y en la sociedad de misioneros se enteraron y me quitaron el cargo.

GAUGUIN: Y te hiciste pintor. ¡Qué cambio, Vincent!

VINCENT: (*Asiente.*) A medida que desaparecía esa fe burguesa, superficial, sentía que nacía en mí una fe mucho más honda y un amor más verdadero por los demás; y creí que pintando iba a poder expresar mejor esa verdad, y ayudar de veras a los pobres, a los humillados; pero no. Ahora veo, no resultó; también fallé en eso.

GAUGUIN: (*Señalando el plato.*) Debieras comer algo; te sentirías mejor.

VINCENT: (*Con odio.*) Tú no entiendes nada de todo eso, no te importa nada; sólo comer y pasarla bien.

GAUGUIN: Claro, tú tienes el privilegio de conocer el sufrimiento; eres demasiado vanidoso, Vincent. ¡No sabes nada del sufrir verdadero; de lo que es perder a quienes se ama, del no poder verlos!

VINCENT: Extrañas a tus hijos, ¿verdad? (*Gauguin se pasea por el cuarto.*)

GAUGUIN: (*Nervioso.*) ¡Hace tanto que no los veo! ¡Desde que mi mujer se llevó a Clovis, muchas veces creo que voy a enloquecer!, pero sé que debo aguantar. (*Pausa.*) Cuando nos separamos, me empeñé en llevarme al menos a uno de los chicos, a Clovis, estaba seguro de que podría mantenerlo. Ella se quedó con los otros tres en Dinamarca. Cuando llegamos a París, el niño se enfermó; estaba tan desnutrido que la viruela lo encontró sin defensas. Estuvo muy mal; yo no tenía un céntimo. Me fui a pegar carteles a la estación, me pagaban cinco francos por día; así compraba remedios y le daba algo a la vecina que cuidaba a Clovis durante el día. Cuántas noches pasé escuchándolo delirar..., rogando que no muriera; su salvación fue un milagro; por eso acepté que mi mujer se lo llevara, cuando se enteró. El chico se había curado, pero comprendí que no podía exponerlo a otro peligro así. Y me quedé solo. ¡Solo con la maldita pintura!

VINCENT: ¡Tú estás loco!, ¡abandonar a tu familia a los cuarenta años para ser pintor; y con la posición de rico corredor de Bolsa que tenías! ¡Mírate ahora, a tu edad, y casi no has vendido nada todavía...! ¡Es una locura!

GAUGUIN: Mi sacrificio es irreparable; pero no quiero pensar en eso. Lo único que me justifica es que soy un gran artista. (*Se enfrenta a Vincent, desesperado.*) Debo de serlo, Vincent. ¡Si no, sería un miserable!

VINCENT: (*Disgustado.*) Los dos somos unos desgraciados, Paul. ¡Esa es la verdad! (*Por un tiempo fuman en silencio.*)

GAUGUIN: Esta tarde vino Roulin; quería saber si lo necesitabas para posar; le dije que volviera a la noche. ¿Sabes?, no me gusta ese hombre.

VINCENT: Es muy bueno.

GAUGUIN: Lo que pasa es que para ti todos son ángeles, Vincent, ¡Finge ser tu amigo porque le conviene!

VINCENT: No digas eso, no le pago por posar, y sabe que no tengo dinero; también su mujer y sus hijos han venido a posar; si no, ¿cómo hubiera podido seguir con los retratos? ¡Nunca le di un centavo!

GAUGUIN: Pero le pagas la comida y las copas, ¿no?

VINCENT: (*Enojado.*) ¡Tú no comprendes! ¡Siempre desconfías de todos! ¡Todavía no entiendo cómo aceptaste venir aquí y todo nuestro plan! (*Gauguin evita mirarlo y él se da cuenta. De pronto.*) Tú te quieres ir de aquí, ¿no es cierto? Lo sé. (*Pausa.*) También tú quieres dejarme solo; no te gusta Arlés; no te gusta esta casa, no te gusto yo, ¿no es verdad?

GAUGUIN: Debieras acostarte; tienes fiebre.

VINCENT: (*Lo obliga a mirarlo.*) En realidad, nunca creíste en el plan de la asociación de artistas, ¿no? Viniste sólo porque te convenía; pero no crees en la idea, ¿verdad?

GAUGUIN: (*Después de un tiempo.*) Es una idea absurda; en un mundo tan podrido como éste, ¿a quién le importa el interés común?, ¡los pintores somos todavía más egoístas que el resto de la gente, Vincent! ¿No te das cuenta?, ¡yo quiero vender, triunfar, y todos quieren lo mismo! (*Vincent lo mira asombrado.*) ¡Lo que pasa es que lees demasiado; de ahí sacas esas ideas locas! (*Toma unos libros y los tira con desprecio.*) ¡Goncourt, Zola, Dickens; todo esto es sólo mala literatura!, ¡la verdad está en la vida misma, en todo lo malo que hay en nosotros; y en lo bueno que solo podemos soñar pero que no es cierto en este mundo viejo y podrido que se está cayendo a pedazos! (*Vincent se sienta; parece sentirse mal; Gauguin se pasea un tiempo para calmarse; por fin, conciliador.*) ¡Ya sé lo que nos conviene; déjame ver cómo andan nuestras finanzas! (*Sobre la mesa hay dos cajitas; las revisa.*) No tocaré la caja de la despensa; pero, mira, todavía queda algo en la otra, Vincent. (*Se le acerca, fingiendo alegría.*) Te propongo una salida, muchacho. Lo que te falta ahora es una mujer; y también a mí. Claro que la señora Nanette no nos dará crédito esta vez; el otro día me aseguró que tendríamos que pagarles la próxima visita a sus chicas.

VINCENT: (*Enojado.*) ¡Tú estás loco! ¡No toques ese dinero!

GAUGUIN: Vamos, Vincent. Hay que dar al cuerpo lo que es del cuerpo, para dejar libre el espíritu. Necesitamos salir; hemos estado trabajando demasiado. Vamos.

VINCENT: No con el dinero de Theo.

GAUGUIN: Aquí hay también dinero mío, Vincent; ya sabes que Theo vendió mi paisaje de Bretaña la semana pasada. Podemos darnos este lujo.

VINCENT: Yo no vendí nada.

GAUGUIN: ¿Qué importa eso? Vamos, hombre.

VINCENT: (*Se sienta.*) No. Yo no tengo un centavo mío; no puedo pagarme nada, ni lo que como ni...

GAUGUIN: Vamos, llévales a las chicas un cuadro; estarán más que pagadas.

VINCENT: (*Ríe con amargura.*) ¿Un cuadro mío?, no vale nada. Ni siquiera aceptan ya posar para mí, dicen que las hago demasiado feas. A ti te quieren, pero a mí... *(Se acerca a su autorretrato.)* Mira, ¿qué dirían si les llevo esto, el retrato de Vincent Van Gogh, el pintor maldito; siempre será mejor que tenerlo a él en persona, no? No, no puedo hacerlo, es basura. Tendría que pagarles con algo...; ¿qué podría vender? (*Está como delirando.*) Claro, sólo vendiendo tu alma... podrás tener las cosas del mundo; pero yo no vendo mi alma; mi cuerpo sí pueden tomarlo, les ofreceré una parte. ¿Alcanzará con un dedo, o mejor, una mano?, la izquierda, claro; aunque, ¿por qué no la derecha?, ¿para qué la quiero si no sirve para pintar? O, mejor, ¿por qué no una oreja? A Gaby le gustan mis orejas.

GAUGUIN: (*Enojándose.*) Vamos, no digas tonterías. (*Toma un cuadro suyo.*) Con éste alcanzará para los dos.

VINCENT: Un cuadro mío no, claro...; ¡no daría ni para la mitad de uno!; ¡mejor liquidarlo, entonces! (*Toma una navaja que está sobre la mesa y se acerca al autorretrato; hace ademán de ir a rasgarlo pero Gauguin se lo impide; forcejean.*) ¡Suéltame! (*Luchan.*) ¡Suéltame o...! (*De pronto, amenaza con la navaja a Gauguin, que retrocede sin dejar de mirarlo fijamente; después de un tiempo, vencido por la mirada de Gauguin, Vincent deja caer la navaja sobre la mesa; va al dormitorio y se echa sobre la cama. Gauguin observa un tiempo la navaja; luego va al dormitorio y se acerca a Vincent.*)

GAUGUIN: (*Sereno.*) Lo sabía. Esta noche, cuando desperté, tú estabas ahí, junto a mi cama, mirándome, ¿verdad? (*Se sienta.*) ¿Sabes?, cuando era chico, vivíamos en Lima; ahí había una costumbre muy curiosa, se llamaba el impuesto a la locura; en muchas casas había en la terraza un loco al que el dueño estaba obligado a mantener; en la nuestra había uno, estaba sujeto con una cadena. Una noche, nos despertamos mi hermanita y yo..., el loco estaba ahí , en la escalera frente a nuestro cuarto, mirándonos; después de un tiempo se fue. Desde entonces muchas veces soñé con él; por eso también hoy creí que había sido un sueño; pero no, eras tú, y tenías una navaja en la mano. Ahora lo sé. (*Pausa larga. Vincent sigue mirando el techo.*) Nos está pasando algo malo, Vincent. Y no es tu culpa. Es la mía. Ya pasó antes. Siempre he traído la desgracia a los que me rodean. Es extraño, pero presentía que algo malo iba a pasar; por eso no acepté venir cuando me escribiste, hace tantos meses; y ni siquiera cuando Theo me lo pidió; pero después, la miseria y la soledad me trajeron, y ya ves. Le escribiré a Theo y le diré que esto no resultó, y que yo regreso a París. Esta noche iré a dormir al hotel, será lo mejor para los dos, ¿no crees, Vincent? ¿Comprendes, verdad?, esto podría repetirse; por eso, por el bien de los dos, debo marcharme. (*Empieza a recoger algunos objetos; Vincent no se mueve; sube a su pieza, luego va al taller y, por fin, vuelve con una maleta.*) Le diré a Roulin que venga ya, así podrás trabajar con él, ¿quieres? (*Vincent no contesta, cierra los ojos. Gauguin, después de observarlo con tristeza, sale. Después de un tiempo, Vincent, como enajenado, se levanta y entra en el taller.*)

VINCENT: Debo pagarle a Gaby...; no puedo ir así, con las manos vacías...; Vincent, el de las manos vacías...; el miserable..., ¡no, hay que pagarle! (*Mira con odio su autorretrato, toma la navaja y parece ir a rasgar la tela pero, de pronto, se acerca al espejo, se mira largamente y, por fin, se acerca más y más hasta que, de pronto, se escucha su grito de dolor al mismo tiempo que se produce un brusco apagón.*

CUADRO II: *Un cuarto del hospital de Arlés; la ventana está enrejada; el clima de color es el gris-negro; muy triste. Theo está hablando con el doctor Gachet.*

THEO: *(Desesperado.)* No puedo entenderlo, doctor. Sus cartas parecían tan felices; las mejores en estos ocho meses que lleva en Arlés; y de pronto esto. ¡Es terrible!

GACHET: Ha sido una crisis. Estas enfermedades son así.

THEO: Pero, ¿qué enfermedad es?, ¿qué se puede hacer?, ¡dígame, por favor!

GACHET: La verdad, amigo mío, es que la medicina sabe todavía muy poco sobre estas enfermedades. Se trata de problemas de nervios. Su hermano es un artista, una persona muy sensible; además, en mal estado de salud y siguiendo un régimen nada recomendable, comiendo poco o nada, bebiendo mucho, fumando mucho y, sobre todo, trabajando demasiado. Afortunadamente, no hay rastros de lesión en el cerebro; lo que pasó podía esperarse dada su forma de vida. Es lo que opina el doctor Rey, el médico que lo atiende aquí, y yo estoy de acuerdo. Además de la anemia, un poco de fiebre; y quizás algo de epilepsia, también.

THEO: ¡Pensar que casi mata a Gauguin!, y después...

GACHET: Por suerte logró cortar él mismo la hemorragia antes de salir de la casa, si no..., hubiera podido morir desangrado. Una experiencia lamentable, realmente.

THEO: ¿Cómo está ahora? A mí no me permiten verlo todavía; pero usted lo ha visto, doctor Gachet; ¿qué le pareció?

GACHET: Ha superado la crisis, pero está muy deprimido. No recuerda lo que pasó y sólo le molesta el insomnio. El doctor Rey dice que ha estado tranquilo desde que lo trajeron. No tuvo ningún otro ataque.

THEO: ¿Sabe usted si..., si pintó o dibujó en estos días?

GACHET: No; los médicos pensaron que era mejor que no lo hiciera, para no excitarse. Yo no estoy de acuerdo.

THEO: ¿Por qué?

GACHET: Pienso que lo mejor sería que vuelva a pintar lo antes posible; si no, se sentirá peor. Piense en lo que le he propuesto. Me vuelvo mañana a Auvers, a mi casa; muy cerca hay una pensión que no es muy cara; Vincent puede alojarse ahí, y yo lo tendría continuamente a mi cuidado, con la ventaja de que él no se sentiría encerrado. Además, estoy seguro de que le gustará el paisaje de mi pueblo.

THEO: Me agrada la idea; realmente, creo que ha sido una suerte que usted estuviera en la galería el día que llegó la noticia, y no sé cómo agradecerle el haberme acompañado hasta aquí para ver a Vincent.

GACHET: No diga eso; admiro profundamente a su hermano, ya lo sabe.

THEO: Ya lo sé; gracias, doctor. Lo que me preocupa de su idea es si no será peligroso para usted, o su familia...

GACHET: No lo creo; por lo que yo sé sobre estas dolencias, lo que pasó se debió al sentimiento de culpa que tuvo Vincent por haber intentado herir a Gauguin; eso le hizo tratar de castigarse hiriéndose a sí mismo. La verdad, no creo que Gauguin haya sido una buena compañía para un espíritu tan delicado como el de su hermano; Gauguin es demasiado prepotente, demasiado...; un gran artista, claro, pero... muy distinto. Sea como sea, todo eso ya pasó.

THEO: *(Dudando.)* No sé; Vincent ha tenido muchas veces accesos de ira espantosos; desde muy chico. Es terrible, es como si hubiera dos hombres viviendo en él; uno es dulce y encantador; el otro es egoísta y sin piedad, y aparecen alternativamente. Es como si fuera su propio enemigo y eso le hace la vida imposible.

GACHET: Es una lástima, realmente. Algún día la medicina estará en condiciones de enfrentarse a un problema así, pero por ahora...

THEO: Pero debieran de poder curarlo; ¡es espantoso pensar que esto puede volver a repetirse!

GACHET: Ya lo sé; pero sólo puedo hacer lo que le digo; cuidarlo y dejarlo pintar; considero que el seguir aquí, en el hospital o en cualquier otro encierro le hará mucho daño por su carácter.

THEO: Siempre odió todo lo que fuera encierro, barrotes. Sí, estoy de acuerdo con usted, doctor.

GACHET: Tendrá que convencerlo, entonces. Soy egoísta también, pero me agradaría personalmente muchísimo que Vincent viniera a Auvers; ya sabe usted, yo también pinto un poco, y grabo, aunque sólo soy un aficionado y un admirador de los artistas de genio como Vincent.

THEO: *(Triste.)* ¡Artista de genio...; ojala no lo fuera, sería mucho más feliz! Además, no entiendo por qué, pero no he logrado vender todavía ni un solo cuadro suyo; ¡es tan distinto de todos los otros pintores! Creo que es lo que más lo desespera; piensa que es una carga para mí, y no sabe cuánto admiro yo lo que está haciendo. Desde que vi sus telas de los campos, comprendí que debía ayudarlo sin fijarme ya en la opinión de nadie.

GACHET: Usted hace muy bien en ayudarle.

THEO: Ayudar a Vincent es lo único que justifica mi vida.

GACHET: ¿Sabe?, usted se parece mucho a su hermano, Theo.

THEO: ¡No diga eso; me llevó mucho tiempo entenderlo; Vincent es un gran artista y un gran hombre; yo soy sólo una persona común; él me ha enseñado todo lo que sé! ¡Es tan noble y gentil...! Y ahora... *(Se interrumpe, emocionado; el médico le palmea la espalda.)*

GACHET: Animo, Theo; todo se arreglará. Tendrá que convencerlo para que siga nuestro plan; ¿de acuerdo?

THEO: De acuerdo, doctor. Lo principal, ahora, es que me dejen verlo.

GACHET: El doctor Rey debe estar en su despacho; vamos a hablar con él; quizás podamos hacer hoy todos los trámites.

THEO: Vamos. *(Los dos salen.)*

CUADRO III: *El dormitorio de la Casa Amarilla. Es el anochecer; el clima de color es el amarillo-violeta; hay cuadros y bocetos de la "Noche estrellada".El cuarto está bien arreglado; hay flores y sobre la mesa está preparada la cena. Roulin está terminando de ordenar todo; parece muy contento. Entra Vincent; lleva una venda roja sobre la oreja; se sorprende al ver a Roulin.*

ROULIN: ¡Adelante, señor Vincent; adelante!

VINCENT: ¿Usted aquí?

ROULIN: Lo estaba esperando. Tendrá que perdonarnos, pero como sabíamos que hoy salía del hospital, quisimos tener todo preparado para recibirlo. El propietario nos prestó su llave; y la señora Ginoux y mi mujer arreglaron esto y prepararon su cena; esperamos que no se enoje.

VINCENT: ¿Enojarme? *(Contento y sin poder creerlo.)* No, claro que no. Es... es muy amable de vuestra parte, y muy lindo.

ROULIN: Pero, entre; vamos. *(Le hace quitarse el abrigo.)* ¡Qué frío está haciendo!, ¿vio?

VINCENT: Pero, ¿dónde están todos? ¿Por qué no están aquí?

ROULIN: Mi mujer pensó que mejor esta noche usted cenaba y se iba a dormir; que sería mejor que lo dejáramos tranquilo en su casa.

VINCENT: *(Extrañado, tímido.)* ¿Mi casa?... Sí, claro. *(Mira con cariño el lugar.)* Es extraño, sólo quince días desde que me fui y casi la había olvidado. Me alegro de haber vuelto. Theo quería que me fuera a Auvers con su amigo, el doctor Gachet, pero yo no quise; y ahora me alegro de no haberlo hecho; esta es mi casa, claro. Y los trabajos...*(Va a mirar algunos dibujos pero Roulin se lo impide.)*

ROULIN: No, señor Vincent; nada de pensar en los trabajos ahora; usted debe descansar; es lo que dijo el doctor Rey.

VINCENT: *(Riendo.)* El doctor Rey, ¡qué gran persona! ¡Uno de estos días lo voy a pintar! Un poco de descanso, comer bien, nada de emociones violentas... *(Imitando con mucha gracia al médico.)* "Y estará usted mejor que nunca", listo para pintar a todos los arlesianos y arlesianas que acepten ser mis modelos. *(Entusiasmándose.)* Sí, mañana volveré a pintar; y creo que pintaré mejor ahora, señor Roulin; tengo tantas ideas; siento como cosquillas en la mano; está pintando sola, ¿ve? *(Le muestra la mano que gesticula en el aire.)* Después de tantos días de no trabajar, a duras penas la contengo. Sí, todo estará bien ahora. *(De pronto, triste.)* ¡Si pudiera creerlo..., si pudiera creer que lo que pasó fue sólo una fiebre pasajera...!

ROULIN: Claro que fue sólo una fiebre, señor Vincent; y no es nada raro aquí; todos hemos pasado momentos así, sobre todo cuando sopla el mistral; ese viento maldito. *(Se escucha el sonido del viento.)*

VINCENT: Ahí está. *(Se estremece; la ventana se abre por una ráfaga; Roulin trata de cerrarla pero no puede; está rota.)* No importa, Roulin; debo acostumbrarme; cuando trabajo afuera, se empeña en hacer volar mi caballete; y adentro, este viento quiere hacer pedazos mi cerebro; pero no puede ser. Debo hacerle caso al doctor Rey; debo ponerme bien. (*Ríe forzadamente.*) Por el momento no estoy loco; y espero no estarlo nunca. (*Se estremece.*) Sería horrible. Simplemente, he estado viviendo mal, y quizás es mejor que haya hecho crisis algo que hace tiempo me venía molestando. Sí, si uno puede curarse de esto, yo me voy a curar, Roulin; ¿sabe por qué?, porque tengo que pelear mucho todavía. (*Cierra los ojos, como para sí.*) A pesar de todo lo que ha pasado, creo en la vida, creo en la gente...; no sé si tendré fuerzas para seguir luchando por lo que creo; pero si me curo, seguiré luchando; es una promesa, amigo Roulin.

ROULIN: Me parece muy bien, señor Vincent.

VINCENT: (*Pasea por el lugar, contento.*) Lástima que no se haya quedado su mujer, y los Ginoux; ustedes son mis únicos amigos aquí. Debíamos festejar este regreso. (*Descubre la pipa de Gauguin.*) ¡La pipa! Mire, Gauguin se olvidó su pipa; tengo que mandársela. (*Mira a su alrededor; los trabajos de Gauguin no están.*) ¿Y sus cuadros?

ROULIN: Ya los retiró. No se preocupe por él, señor Vincent. Su amigo sabe cuidarse muy bien; después de irse a París, mientras usted estaba tan enfermo, mandó retirar todo.

VINCENT: (*Se sienta, extrañado.*) A usted no le simpatizó nunca; ¿verdad, Roulin? (*El otro niega con la cabeza.*) ¡Qué raro! En París, no conocí a nadie que no lo adorara; sabe tanto, es tan superior a todos; es como si fuera un hombre de otra raza; fuerte, capaz; y un gran pintor. Ojala pudiera yo pintar así. Una vez fuimos al campo, a pintar a los vendimiadores; cuando volvimos yo tiré mi cuadro al fuego; al lado de lo que hizo Paul lo mío era basura. Lo mío es azar, simplemente, dice Paul. No le gusta mi pintura. Aunque los girasoles, sí; y también la silla con la pipa. (*Se ríe.*) Dice que yo soy un "animal pintor"; "una mano sin cabeza"; pero es que no hay caso; yo he tratado de trabajar como él, de ser más teórico, pero... en cuanto tomo un pincel en la mano, ya no puedo pensar.

ROULIN: A mí me gusta más como pinta usted, ¡qué quiere que le diga! Claro que no entiendo nada de esto, pero en lo suyo hay...; no sé, otra cosa.

VINCENT: (*Riendo.*) ¿Ve?, eso es lo bueno de tener amigos, Roulin; siempre lo ven bien a uno y lo que uno hace; no ven la realidad, pero... es alentador lo que usted dice. (*Serio.*) Gracias, Roulin. (*Guarda la pipa.*) Le mandaré la pipa apenas tenga su nueva dirección; Theo me escribió que Paul está ahora en Bretaña; ah, me olvidaba, Theo le manda saludos.

ROULIN: ¿Cómo está?

VINCENT: Bien; insiste en su idea de que me vaya a Auvers; pero no..., si todavía no empecé a pintar a Arlés, ¡cómo me voy a ir! ¡Tengo tanto para hacer aquí!

ROULIN: Yo me voy ahora; mañana pasaré a visitarlo, cuando haga la ronda.

VINCENT: (*Interesado.*) A usted le gusta de veras ser cartero; ¿no es cierto, Roulin?

ROULIN: Sí; me gusta mucho.

VINCENT: Ya me parecía; eso explica muchas cosas. Siempre me digo; si Roulin no se queja nunca a pesar de lo poco que gana, de la enfermedad de su mujer, de los problemas con sus chicos, y de todas sus dificultades, es porque le gusta su trabajo; y es así, no me equivoqué.

ROULIN: La vida es difícil, señor Vincent; y lo principal es no aflojar. (*Yendo a la puerta.*) Y ahora, ya sabe; a comer algo y a dormir, ¿eh?

VINCENT: Claro, pero primero le escribiré a Theo. Estará impaciente por saber cómo he vuelto a la vida normal; ¿vida normal?, bueno, algo así. (*Acompaña a Roulin a la puerta y, de pronto, le estrecha la mano con fuerza; casi lo abraza.*) Qué bueno hubiera sido si..., bueno..., usted casi podría ser mi padre, ¿no? (*Roulin asiente con ternura.*) Gracias por todo, amigo mío; muchas gracias.

ROULIN: (*Carraspea para disimular su emoción.*) Que descanse..., y mejor, cierre la ventana; en las noches en que hay mistral, los chicos están inquietos, ya sabe; había varios rondando por la plaza cuando vine, y otros no tan chicos también; no me gustó su aspecto.

VINCENT: (*Ríe.*) ¡Qué puede importarme eso!, espero que vayan a desfogarse a otro lado; por algo son buenos arlesianos, la mejor gente del mundo, ¿no? (*Roulin titubea; luego:*)

ROULIN: Buenas noches.

VINCENT: Buenas noches, Roulin. (*Roulin sale; Vincent cierra la puerta; va a tomar vino pero se contiene; come algo, contento. Pasa al taller; examina las telas, con aire satisfecho, tararea una tonada alegre; busca papel, vuelve al dormitorio y se pone a escribir.*) Mi querido hermano...; acabo de volver a la Casa Amarilla. Me alegra poder decirte que todo está bien, muy bien... (*Se escucha cerca de la ventana un rumor de voces; Vincent, inquieto, mira hacia allá; luego, tranquilizado por el silencio, sigue escribiendo. Pasa un tiempo; desde afuera se escuchan risas. Para sí.*) Deben ser los chicos merodeando; justo se les ocurre venir para este lado. (*Sigue escribiendo.*) Estoy algo nervioso esta noche; como te imaginarás, está soplando el mistral. (*Se escuchan más risas y, de pronto, la voz de alguien que se acerca más y grita:*)

VOZ I: ¡Loco!

VOZ II: ¿Dónde está tu oreja?

VOZ I: ¡Loco pelirrojo! (*Vincent se inquieta, parece enojarse; luego trata de serenarse.*)

VINCENT: (*Para sí.*) Son sólo unos chicos.

VOZ I: (*A los otros.*) ¿Vieron lo que parece la casa del loco?

VINCENT: (*Triste.*) La casa del loco...; ésta debía ser la casa del sol, pero ellos no lo saben. Lo será; todavía lo será; todavía no es tarde. (*Está empezando a sentirse mal.*)

VOZ II: ¿Por qué no te cortas la otra oreja?

VOZ I: ¡Córtatela!, ¡así se la llevas a tu amiguita!

VINCENT: (*Se levanta, enojado.*) ¡Basta! (*Se acerca a la ventana; se escucha el sonido de pasos que se alejan corriendo.*) ¡Chiquillos cobardes! ¿Por qué no vuelven? ¡Vengan si quieren, entren, así hablaremos! (*Se escuchan risas. Suplicando.*) Si quieren, los dibujaré; y les regalaré los dibujos. (*Se hace un completo silencio; Vincent se siente mareado; está oscureciendo; grandes tintes violáceos ensombrecen el ambiente; se escucha el sonido del mistral; Vincent vuelve a su carta.*) Querido Theo, creía que ya había pasado todo, pero veo que no..., mis nervios siguen alterados..., cualquier cosa me turba..., debe de ser... (*Se pasa la mano por la frente húmeda.*) Sí, es la fiebre..., otra vez..., por Dios..., debo acostarme. Nada de excitaciones, dijo el doctor Rey; debo hacerle caso...; nada de alcohol. (*Toma la botella, se sirve una copa y bebe, angustiado.*) Si pudiera dormir..., hace tanto que no puedo..., los calmantes no me hacen efecto. (*Se escuchan otra vez las risas muy cerca.*) Me duele la cabeza, Theo.

VOZ III: ¡Miren, está hablando solo!

VOZ I: ¡Lo tienen que internar!

VINCENT: ¿Cómo podría explicarles eso a estos chicos?; claro, lo que pasa es que ellos no entienden; todavía no saben lo que es el sufrimiento; y cuando uno es joven no entiende el sufrimiento ajeno. (*Siguen las risas; desesperado, rogando.*) ¡Ayúdame a soportarlo, ayúdame a tener valor...; la noche es larga, tan larga! ¿Cuándo vendrá el día? ¿Vendrá alguna vez para mí? ¡Oh, Dios!, ¿es posible vivir tanto tiempo en el infierno?, ¿es posible que la mentira y la injusticia sean tan fuertes?, ¿o es que yo estaba ciego y nunca vi la verdad? ¿Será posible que haya tanto odio, tanta maldad? La verdad que tú nos enseñaste: ama a tu prójimo..., ¿es que quieres que dude de eso? (*Más gritos y risas.*) La ratonera se cierra otra vez..., los muros se están apretando..., el aire me sofoca; y la salida, ¿dónde está? (*Pausa.*) Estoy cansado de buscar sin resultado; si tuviera realmente valor... ¡Oh, ayúdame a no desesperar! (*Cierra los ojos y recita.*) "¿Por qué estás lejos, oh, Señor; y te escondes en el tiempo de la tribulación?" "¿Hasta cuándo esconderás tu rostro de mí?"; pero, no... "Tú eres mi roca y mi esperanza"...; "aunque ande en valle de sombra de muerte, no temeré mal alguno; porque tú estarás conmigo".

VOZ I: (*Gritando.*) ¿Dónde estás, loco?

VOZ III: ¿No vas esta noche a la casa de la señora Nanette?

VOZ II: ¡Te acompañamos, si quieres!

VINCENT: (*Sin moverse, con desesperación.*) ¡Ayúdame, oh, Señor; no puedo más! Debo hablarles, ya sé...; mostrarles tu verdad; tu verdad y tu amor.

VOZ I: ¿De modo que te crees pintor?

VOZ II: ¡Miren esas pinturas! ¡Qué colores! ¡Está loco!

VOZ III: ¡Miren eso!, ¡los árboles y las casas se están cayendo!

VOZ I: ¡Las cosas también están locas para él! ¿No ven cómo se mueven?

VOZ II: ¡Pronto lo llevarán al asilo; hicieron un pedido para que lo encierren!

VOZ I: ¡Mis tíos ya lo firmaron!

VOZ III: ¡Ya tienen más de cien firmas!

VOZ I: ¡Dentro de unos días se lo llevarán!

VOZ II: Y dicen que van a desinfectar la casa; ¿no ven qué sucia está?

VOZ III: ¡El propietario ya la alquiló!

VINCENT: Por piedad... (*Se toma la cabeza entre las manos, desesperado.*) ¡Señor Roulin..., Theo...; me duele la cabeza, Theo...; si tuviera un calmante! (*Le llegan distintos sonidos burlones; él se tambalea al levantarse.*) ¿Por qué siento odio contra ellos, si son sólo unos chicos?, sin embargo, si los tuviera cerca... No, no puedo sentir odio; debo comprenderlos, el buen Dios no me manda odiar sino amar...; ellos están en las tinieblas, debo explicarles... (*Se acerca a la ventana, parece delirar; su actitud es la de un predicador.*) Hermanos míos...; el Evangelio nos enseña a amarnos los unos a los otros; ésa es la verdad: "Amarás a tu prójimo como a ti mismo".

VOZ I: ¡Oh, miren! ¡Ahora se cree un pastor! (*Risas.*)

VOZ II: ¡Qué divertido!

VINCENT: Vosotros, que vivís en las tinieblas, sois quienes debéis tener fe; la luz se hará; y en el mundo reinará el amor; nadie hará daño a su prójimo; nadie se gozará en el sufrimiento ajeno.

VOZ I: ¿Qué dice?

VOZ II: ¿Qué va a decir? ¡Está loco!

VOZ III: ¡Parece que va a tener un ataque!

VOZ I: ¡Hay que avisar a los gendarmes!

VOZ II: ¡Tienen que internarlo ya!

VINCENT: Vosotros venís de las profundidades de la tierra; allá se puede olvidar lo que es el sol; se puede hasta olvidar que el sol existe; pero debéis esforzaros por no olvidarlo nunca. (*Gritando.*) ¡El sol existe! (*Se entusiasma y, a medida que habla más rápido empieza a tartamudear.*) ¡Cuando bajé a la mina, el otro día, creí morir; pero eso me sirvió para comprenderos mejor!, ¡desde entonces siento más amor por vosotros, que aguantáis tanta tristeza para dar luz y calor a los otros hom-hom-hombres!

VOZ I: (*Riendo.*) ¡No sabe hablar!

VOZ II: (*Imitando.*) Hom... hom... hom... ¿qué?

VINCENT: (*Gritando.*) ¡Debéis escuchar... char... charme! (*Las voces corean su tartamudeo con risas; él llora.*)

VOZ III: ¡Que se calle de una vez!

VOZ II: ¡Está completamente loco!

VOZ I: ¡Basta! ¡Loco! ¡Ssshhh!

VINCENT: (*Se toma la cabeza entre las manos; luego vuelve a intentar hablar, gritando y tartamudeando desesperado, entre los abucheos.*) El Señor dijo: Amad a vuestros enemigos; bendecid a los que os maldicen; haced bien a los que os aborrecen y orad por los que os ultrajan y os persiguen. Eso significa... (*Empiezan a tirarle pedruscos; Vincent no los siente; se abre violentamente la puerta y entra Roulin, con el rostro congestionado.*)

ROULIN: (*A Vincent, que se vuelve y lo mira, asombrado.*) ¡Apártese de ahí, señor Vincent! ¡No son sólo los chicos...! ¡Por Dios, apártese! (*Se acerca a él y, en ese momento, una gran piedra hiere a Vincent en la frente. Vincent se tambalea y, por fin, cae en los brazos de Roulin.*)

VINCENT: (*Suave, sin entender.*) ¿Por qué? ¿Por qué? (*Se desmaya; Roulin, furioso, amenaza con los puños hacia la ventana; los gritos y ruidos se van acallando.*)

ROULIN: ¡Cuervos! ¡Malditos cuervos! (*Poco a poco se hace silencio; sólo se escucha el silbido del mistral; los postigos de la ventana rota se mueven crujiendo desagradablemente, como si fuera un graznar de cuervos; por fin, un completo silencio. Roulin sostiene entre sus brazos a Vincent; lo mece suavemente.*)

CUADRO IV: *El cuarto del hospital; el clima es un gris-negro más intenso y sombrío que en el cuadro II, con matices violáceos. Es una tarde nublada, sin sol. Vincent, sentado, parece muy tranquilo en contraste con la actitud desesperada de Theo.*

THEO: Entonces, ¿estás decidido?

VINCENT: Sí, Theo. Será lo mejor.

THEO: No estoy de acuerdo; y el doctor Gachet tampoco.

VINCENT: (*Con una risa amarga.*) ¿Después de lo que pasó?

THEO: ¡Fue sólo una recaída, por culpa de estos imbéciles arlesianos!

VINCENT: No, sirvió para mostrar la verdad, Theo. Hay que aceptarla; un cántaro roto será siempre un cántaro roto. Estoy enfermo; los vecinos lo saben; por eso firmaron el petitorio para que me encierren como loco peligroso. (*Ríe.*) ¡Mira qué honor me hacen! ¡Yo, un loco peligroso! Ochenta y una firmas de honestos arlesianos pidiendo mi encierro. ¡Si hubieras estado ahí cuando llegaron los gendarmes...!

THEO: No pienses más en eso.

VINCENT: Fue un espectáculo para el pueblo. Y no les había hecho nada, Theo; no lo entiendo. ¿Cómo pueden ser así?

THEO: Quieren que te vayas de Arlés, simplemente.

VINCENT: Claro, dejarlos tranquilos. Y tienen razón.

THEO: ¡No digas eso! ¡Son unos estúpidos!

VINCENT: No,Theo; lo que pasó con Paul fue terrible; pude haberlo matado..; yo le escribiré más adelante; y quisiera que tú le escribas ahora; dile que no le culpo de nada; que no fue su mala suerte, sino la mía. Quizás algún día podamos volver a trabajar juntos.

THEO: Todo eso ya pasó, Vincent; y no volverá a ocurrir.

VINCENT: ¿Estás seguro?

THEO: (*Dudando.*) Claro. (*Se rectifica, firme.*) ¡Claro!

VINCENT: No, Theo; si saliera ahora, si me llegaran a insultar o provocar, quizás no podría dominarme, y cualquiera podría ser mi víctima. Te juro, Theo, que si llegara a pasar otra vez; si viera que puedo ser un peligro para alguien, me mataría. Por eso, es mejor que vaya voluntariamente a un asilo. El doctor Rey me habló del asilo de Saint Rémy, no es muy caro; tendrás que ir a arreglar todo.

THEO: ¡No quiero que vayas a un asilo!

VINCENT: Es bastante cerca; podría seguir teniendo mis cosas en la Casa Amarilla; la renta está pagada hasta fin de año y, si todo va bien, podría volver pronto, quizás en unos tres meses. (*Theo sigue negando con la cabeza; él se enoja.*) ¡Estaré muy bien ahí, Theo! ¡Debes comprenderlo!

THEO: ¡El doctor Gachet quiere que vayas con él a Auvers; hay una pensión cerca de su casa donde puedes vivir; podrías pintar en el campo; te sentirías feliz allá!

VINCENT: Gachet es muy bueno, pero no. No podría volver a vivir solo ahora; tener que soportar la curiosidad y las críticas de la gente; y ya ves, no sirvo para vivir con nadie. No, lo que necesito es un marco y una disciplina; si fuera católico, me haría monje o, ¿sabes qué otra cosa pensé? Irme a Arabia, a la Legión, por unos años. (*Al ver la expresión sorprendida de Theo se ríe.*) Pero, ¿no ves?, también se lo tomaría como un acto de locura. Por eso, lo mejor es el asilo. Aceptar lo que la mayoría cree que es mi destino; quizás así me dejen tranquilo; lo necesito, ¿entiendes?, aunque sólo sea por una temporada.

THEO: (*Después de un tiempo.*) ¿Sabes algo de Sien?

VINCENT: (*Sorprendido, asiente.*) Bernard me escribió que la vio en La Haya; ella está bien. Es fuerte, muy fuerte. ¿Sabes?, las mujeres tienen una extraña fuerza a pesar de su debilidad, quizás a causa de esa misma debilidad; es curioso.

THEO: Me equivoqué al interponerme; si ella se hubiera quedado... (*Desesperado.*) Tú debías casarte, tenías razón entonces. Pero todavía tienes tiempo para hacerlo. (*Vincent niega con la cabeza, sonriendo.*) Eres joven.

VINCENT: Ya no me importa la idea de casarme, ni de tener hijos. Todo eso se acabó. ¿Recuerdas lo de Richepin?: el amor del arte hace perder el amor verdadero. Parece que es cierto. Cada uno tiene su destino; cada pájaro en su jaula; la pintura era la mía; o lo hubiera sido, si hubiera aprendido a pintar, pero así: (*Señala la ventana enrejada.*) ésta es mi jaula, ¿no ves? Barrotes, llaves, guardianes. (*Theo se estremece.*) ¿Tienes frío? Estás pálido, Theo; deberías cuidarte.

THEO: Es sólo un resfrío; no es nada.

VINCENT: Deberías volver a París; este tiempo no te sentará bien aquí.

THEO: Tampoco a ti te hace bien el frío; esta pieza está helada. (*Se acerca a la estufa.*) La estufa está descompuesta. Le diré al doctor Rey que te cambie de cuarto.

VINCENT: ¡No!, por favor. No hagas eso. Me dieron otro cuarto, pero les pedí que me dejaran aquí. (*Se acerca a la ventana, junto a Theo.*) ¿No ves?, desde aquí se puede ver el jardín; es hermoso, aunque sea a través de las rejas.

THEO: (*Se estremece.*) Esos hombres paseando, allá abajo, tienen un aspecto terrible.

VINCENT: Son internados, de paso, como yo; sólo permiten una estadía provisoria aquí, en el hospital, ya sabes. La primera vez que me trajeron, pensé en dibujarlos; dibujar esa ronda.

THEO: (*Pensativo.*) La ronda de los condenados...

VINCENT: No te imaginas lo que se siente al estar ahí, entre ellos, caminando en esa ronda sin fin. Es el infierno. Además uno no sabe; son ellos y pueden ser todos, también los que están afuera; una ronda que no lleva a ningún lado. (*Desesperado, se deja caer sobre el sillón y esconde la cara entre las manos.*) ¿Para qué sirvo? ¡Debiera matarme, terminar de una vez con esta comedia infame; si tuviera valor para hacerlo! (*Abre los ojos y ve que Theo lo está mirando, muy angustiado; lo abraza.*) ¡Oh, Theo; perdóname!

THEO: (*Llorando.*) ¡No hables así; si tú faltaras, yo no tendría por qué vivir!

VINCENT: Perdóname, no me hagas caso; soy un cobarde; todo se va a arreglar. Claro que sí. Prométeme que arreglarás lo de Saint Rémy, ¿lo harás?

THEO: Está bien; si tú lo quieres. Ya sé, estarás allá un tiempo y luego vendrás a vivir con nosotros a París.

VINCENT: ¿Y qué dirá Johanna?

THEO: Será feliz; ya sabes, ella te aprecia mucho. (*Soñando.*) Haremos una gran exposición de tus trabajos de Arlés, y también de los que harás en Saint Rémy. (*Vincent niega con la cabeza.*) ¿Por qué no?

VINCENT: (*Se levanta; mira por la ventana.*) No volveré a pintar, Theo. Se terminó. Es como si algo hubiera acabado en mí, y sólo quedara el automatismo de la mano que insiste en seguir...; pero mi vida ya no está en eso. Lo comprendí en estos días de fiebre; es curioso cómo la fiebre te hace ver las cosas con más claridad. Papá no se equivocó sobre mí; yo estuve siempre equivocado en todo. (*Theo va a protestar, pero él no se lo permite.*) Ya ves lo que pasó aquí; yo creía que los ciudadanos de Arlés, por vivir en la tierra del sol debían ser también así, luminosos; así como creí cuando fui a las minas que los mineros, por vivir en las tinieblas, necesitaban luz. ¡Qué tonto fui! Se puede vivir en la oscuridad, como los mineros, y tener luz en el alma; y se puede vivir en la luz, como la gente de Arlés, y llevar la oscuridad adentro. (*Pausa.*) Fue gracioso entre los mineros; yo quería llevarles el sol; para mí, Dios era eso, luz, y creía que ellos no lo sabían; pero lo sabían mejor que yo, tenían fe y alegría. Los que no lo entendían eran esos pastores convencionales, como papá; que se horrorizaron cuando me vieron regalarles mi ropa y mi cama. No comprendían que eran los mineros los que me habían enseñado a mí lo que era Dios; ellos salían negros por el polvo del carbón y yo me tiznaba la cara y las manos para parecerme a ellos, porque ellos tenían a Dios, yo sólo lo buscaba. Quería ser igual a ellos en su fe; la mía era una fe intelectual y no la vivía, a pesar de mi ministerio; por eso no encontraba palabras para explicar todo eso que ellos no sabían en palabras; hasta que comprendí su verdad, y ellos se dieron cuenta, y me aceptaron como un compañero más. Por eso dejé la religión y empecé a pintar, Theo. Fue allá, en el Borinage, cuando pinté por primera vez unos girasoles, y sentí el sol en mis manos, y creí que también yo podría construir una verdad trabajando. Sólo los que trabajan tienen esa fe, Theo; es como una seguridad, como una alegría a pesar de las penas; algo que también encontré en los tejedores y en los campesinos; algo que la gente de nuestra clase nunca tuvo; es una fe que sale del trabajo mismo; yo lo sentí al empezar a dibujar...; pero ahora lo he perdido; ya no puedo tener esa paz. (*Ríe tristemente.*) ¿No es gracioso cómo hago siempre todo al revés? Estando entre los mineros descubrí el sol; y aquí, en la tierra del sol, he llegado a las tinieblas. Es gracioso. (*Pausa.*) Papá nunca lo entendió; o quizás entendió demasiado. Dijo que yo estaba loco por querer vivir totalmente según el Evangelio; y por pensar que su cristianismo y el de la gente de bien era una farsa; y cuando empecé a pintar... Desde que vine a Arlés, he pensado que papá nunca hubiera podido vivir aquí; esto es la negación de todo lo que él era; este sol, este colorido, esta tierra llena de vida. Quizás por eso odió siempre verme pintar; no podía entender mi pintura.

THEO: No digas eso; le gustaban tus cuadros.

VINCENT: No. Eso era sólo para los demás; tú no sabes, no estabas en casa cuando yo volví del Borinage, ¡fue espantoso! ¡Ante los demás, fingía sentirse orgulloso de mis trabajos, pero cuando estábamos solos...! Pregúntale a mamá. Tomaba mi pintura como una ofensa personal; la maldecía porque me había desviado de mi verdadero camino, el camino del triunfo. ¡Pobre!, ¡él quería que fuera exitoso, como sus hermanos! Yo, su hijo mayor, debía compensar su oscura vida de pastor modesto; compensar su fracaso y su amargura, y ser un hijo triunfador. Y la pintura, claro, vino a estropear todos sus planes; y también los de mamá; aunque al principio a ella le gustó; pensaba que yo sería como su primo Mauve, un artista de moda; pero cuando le expliqué que lo que yo quería podía llevarme toda la vida, ya no le gustó. (*Pausa.*) El día antes de morir, papá me dijo que lo que más rabia le daba era el ser el padre de un fracasado. ¿Y te das cuenta?, tuvo razón; fue el padre de Vincent Van Gogh; ¡qué mal papel hará en la historia o, mejor dicho, que no hará! Porque como mi padre no va a figurar en ningún lado; su hijo no es nadie, y no será nadie. Vincent Van Gogh, condenado para toda la eternidad al anonimato, a la mediocridad o, como él lo dijo también, a la locura.

THEO: No hables así; eso no es cierto.

VINCENT: (*Pensativo.*) Es como si me hubiera dado una maldición; ni pastor ni pintor... sólo un pobre loco.

THEO: No repitas eso; lo que pasó fue simplemente que papá vivía en un mundo muy distinto; eso no quiere decir que tengas que dejar de pintar. (*Vincent niega con la cabeza.*) No es ésa la razón; yo lo sé, tú quieres dejar de pintar para no causarme más gastos, ¿no es cierto?

VINCENT: (*Débilmente.*) La maldita pintura nunca devolverá lo que cuesta.

THEO: Eso no me importa; tú has creado ya todo un mundo; ¿cómo podrías aflojar ahora, si tienes hecho lo más difícil? ¿Te crees que eres el único que no vende? Pissarro, Renoir, Gauguin, tampoco venden, pero siguen trabajando. También tú debes hacerlo; tener coraje.

VINCENT: ¿A costa de tu sacrificio?

THEO: Para mí no es un sacrificio, ¿no comprendes?, en lo que estás haciendo me juego también yo; es mi parte del sueño, ¿recuerdas? El vender cuadros tiene sentido porque tú me has hecho entender lo que es el arte. ¡Tú has hecho tanto por mí! ¡Te debo tanto!, ¡tú has dado sentido a mi vida; y sin ti, yo no tengo razón de ser, Vincent!

VINCENT: (*Sin escucharlo.*) Si pudiera conseguir algún trabajo, pero ¿cuál?, ¿y cómo conseguir algo a los treinta y seis años; te crees que no lo he intentado?, pero no, todos desconfían de mí; y ahora, con mi salud así... soy un inútil.

THEO: Si Rembrandt, Millet o cualquiera de los que admiras se hubieran fijado en la negación de los demás y hubieran dejado de pintar...

VINCENT: Hubieran sido más felices.

THEO: No lo creo, y tú tampoco. Dime: (*Lo obliga a enfrentarlo.*) ¿puedes imaginar una felicidad mayor para un ser humano que la de crear la propia obra aunque todos la nieguen? Yo no puedo.

VINCENT: (*Recuerda, sonríe.*) ¡La última vez que pude pintar..., cómo me sonreía el mundo esa mañana; qué luminoso estaba el día! (*Pausa. Esperanzado.*) Si pudiera recobrar esa alegría..., pero estoy tan agotado, Theo.

THEO: El cambio de lugar te hará bien; volverás a pintar como antes.

VINCENT: ¿Será posible que no pueda encontrar nunca un lugar que me esté destinado a mí; un lugar que sea realmente mío, mi hogar? ¿Estaré condenado a ser un peregrino que debe seguir siempre buscando?

THEO: (*Desesperado.*) ¡Cómo quisiera ayudarte, Vincent; si sólo supiera cómo hacerlo!

VINCENT: (*Se sienta a su lado y lo abraza.*) ¡Y además, te hago sufrir a ti, a mamá, a Will!, hago que los que me quieren sufran por mí; ¿no ves?, aunque no lo quiera, les estoy haciendo daño. Por eso debo ir a Saint Rémy, Theo; para descubrir la verdad; para saber si ése es mi lugar. Entonces, sabremos que esa es la voluntad de Dios y que hay que resignarse, ¿entiendes?

THEO: ¿Y si no estás enfermo?, ¿si no es ése tu lugar?

VINCENT: Entonces, volveré a probar; seguiré buscando. Sí, quizás a los treinta y seis años, todavía pueda encontrar una nueva vida. Sí, caramba; ¿o es que soy tan cobarde que no tendré el coraje suficiente para empezar de nuevo? Vamos a probarlo, ¿quieres, hermano?

THEO: (*Emocionado.*) De acuerdo, Vincent.

VINCENT: ¿Sabes?, siempre pienso que me gustaría dibujarte, pero no sé por qué, siempre hay algo que me impide hacerlo. La próxima vez lo haré, ¿quieres?, y se lo mandaremos a mamá.

THEO: Está bien, Vincent. Yo me voy ahora; hablaré con el doctor Rey y me iré a Saint Rémy a arreglar todo. Y de ahí volveré a París. (*Se levanta.*) ¿Quieres que le diga algo al doctor Rey? ¿Necesitas algo?

VINCENT: (*Ríe tristemente.*) ¿Necesitar? Salvo la libertad, nada. No estoy tan mal, no creas. Quisiera que me permitan fumar, si puedes arreglarlo.

THEO: Se lo diré.

VINCENT: (*De pronto, muy serio.*) ¿Cuándo te casas?

THEO: Dentro de diez días, pero cuando pienso que tú no estarás...

VINCENT: Eso no importa. (*Muy serio.*) ¡Tú debes ser feliz, Theo! ¡Lo deseo tanto!

THEO: Ya lo sé, Vincent. (*Pausa.*) Cuando estés en Saint Rémy, quiero que me escribas muy a menudo, ¿entiendes?

VINCENT: Sí, claro, Theo. Escribirte se ha vuelto para mí algo tan necesario como respirar..., como pintar, iba a decir; ¡lo que es la costumbre!

THEO: Espero tus cartas, entonces. ¡Hasta pronto, Vincent; y no olvides que te necesito; y que te quiero, te quiero mucho!

(*Se abraza estrechamente a Vincent, tratando de contener las lágrimas.*)

VINCENT: (*Tiernamente.*) Ve tranquilo, Theo. Te escribiré. (*Theo sale; Vincent se sienta en el sillón; cierra los ojos. Apagón gradual.*)

CUADRO V: *A continuación del anterior. Después de un tiempo de silencio, se escucha suavemente la voz de Vincent que lee, mientras se proyectan sobre una pantalla los dibujos y cuadros correspondientes. Se ve en la penumbra su figura, sentado en un sillón, ante una mesita, junto a una ventana enrejada; el lugar está iluminado sólo por una pequeña lámpara. En la proyección se alternan obras de color amarillo-violeta aún violento, aunque más melancólico, con dibujos en blanco y negro, señalando la transición de las épocas de esperanza a la desesperación de los momentos de crisis.*

VINCENT: (*Leyendo; proyección de cuadros: "El asilo de Saint Rémy"; "El jardín del asilo"; "El parque".*) Mi querido hermano Theo; gracias por tu carta. Creo haber hecho bien al venir aquí, pues al ver cómo viven los locos le estoy perdiendo el miedo a este mal, y poco a poco podré llegar a considerar la locura como una enfermedad igual a cualquier otra. El cambio de ambiente me hace bien. El médico jefe, el doctor Peyron, cree que lo que tuve fue un ataque epiléptico. Cuando trabajo en el jardín (*Proyección de: "Esquina del jardín"; "El banco de piedra".*) los enfermos se acercan a mirar y te aseguro que molestan menos que los virtuosos ciudadanos de Arlés. Posiblemente me quedaré aquí bastante tiempo, pues nunca he estado tan tranquilo para pintar. Cerca hay unas pequeñas montañas y, más allá, trigos muy verdes y pinos. (*Proyección de: "Paisaje montañoso", "Los trigos verdes"; "Colinas de Saint*

Rémy. Pausa. Proyección de dibujos y tintas: "El interior del asilo"; "El parque"; "El jardín".) Querido hermano; gracias por los cincuenta francos. Desde que estoy aquí, el jardín me alcanza para trabajar. El paisaje es muy hermoso; cuando el médico me conozca mejor, seguramente me permitirá pintar afuera. Desde mi pieza se ve un campo de trigo y, a la mañana, puedo ver salir el sol. (*Proyección: "Los trigos amarillos"; "La cosecha".*) Estos desdichados no hacen nada y no tienen otra distracción que comer. (*Proyección de dibujos de figuras: "El viejo llorando"; "Campesinos"; "El vestíbulo del asilo" y "La lluvia".*) Hay una amistad más verdadera aquí que afuera; ellos piensan que es necesario soportar a los demás para que los demás nos soporten. Me encuentro muy bien y no pienso irme aún; dentro de un año sabré mejor que ahora lo que puedo y lo que quiero; entonces decidiré qué hago. Mi salud mejora; la melancolía es menos aguda. Estoy pintando bastante y espero que algún día pueda devolverte algo de lo mucho que me has dado; siempre que logre progresar. (*Pausa.*) Cuando reciba tu envío de telas y colores iré al campo, porque es la estación en que hay flores; después llegará el tiempo de los trigales. (*Proyección: "Campos de trigo al fin del día"; "Puesta de sol"; "Paisajes de Saint Rémy".*) Creo que es bueno esto de mantenerme a distancia y ser como si no fuera. Lo que es la época de muda para los pájaros, lo es la adversidad o la desgracia para los seres humanos. Se puede permanecer en esta época de muda o salir de ella como renovado; pero no se lo hace en público; como no es nada divertido, uno trata de eclipsarse. (*Pausa.*) Querido Theo; debo continuar mi camino; si no buscara más, entonces estaría perdido. (*Proyección de dibujos de paisajes: "El jardín"; "El banco".*) ¡Ah, por piedad, la libertad! ¡Ser un pájaro como los otros! (*Proyección de "La ronda de los prisioneros".*) Preferiría no decir nada antes de hacerlo débilmente... Para mí, la palabra artista significa buscar siempre sin encontrar nunca la perfección. Es lo contrario de: ya lo sé, ya lo he descubierto. (*Proyección de dibujos de campesinos: "El sembrador" y "Cabeza de hombre").* Al dibujar, ya sea figuras o paisajes, quisiera expresar un profundo dolor...; y conseguir que se diga de mi obra: este hombre siente profundamente y, a la vez, delicadamente. (*Se suceden las proyecciones por un tiempo: "Campos de trigo", "Colinas", etc.*) Querido Theo: estoy trabajando afuera. Creo que se piensa mejor cuando las ideas nacen de la relación con las cosas que cuando uno mira las cosas para descubrir en ellas tal o cual idea. (*Proyección de dibujos de paisajes y de figuras.*) Si algún día te resulta demasiado caro mandarme telas o colores, entonces no los envíes; la vida es más importante que el arte; lo primero es que ustedes estén bien; la pintura viene después. Saluda a Jo en mi nombre; me alegra mucho la noticia sobre el niño; dile que se cuide; cuídate también tú. (*Proyección de: "El jardín en otoño"; "Las montañas"; "Alrededores de Saint Rémy".*) ¿Es posible no aprender de la naturaleza a tener paciencia, viendo cómo brota silenciosamente el trigo y cómo crecen las cosas? ¿Se podría uno considerar como algo tan muerto por dentro que deba admitir que ya no puede ni siquiera crecer? (*Pausa.*) Mi querido hermano: gracias por tu carta y por los cincuenta francos. Te envío algunos estudios de cipreses. (*Proyección de: "Los cipreses" en distintas versiones; pinturas y dibujos.*) Quisiera llegar a pintarlos como yo los veo; creo que nunca se habrán hecho así. Además, he estado pintando los olivos y haciendo nuevos estudios del cielo estrellado. (*Proyección de "Los olivos" y de "Noche estrellada".*) Mi última tela es un campo de trigo donde hay un pequeño sembrador y un gran sol. (*Proyección de "El sembrador"; se escucha el sonido amenazador del mistral y se hace un vacío en la pantalla; la voz enmudece; después de un tiempo, muy suave:*) Querido Theo: tuve otro ataque. Espero que le escribas al doctor Peyron; explícale que necesito volver a pintar; estos días de no hacer nada me hacen mucho daño. Lo terrible es pensar que estas crisis seguirán ocurriendo. (*De a poco, a un ritmo muy lento, proyec-*

ción de dibujos de "Los cipreses" y "Los olivos"; "Los campesinos",
según Millet.) Dile a Senet que yo estaría desesperado si mis
figuras fueran académicamente correctas; dile que, para mí,
los verdaderos pintores son Millet, Lhermitte y Miguel Angel,
porque no pintan las cosas como son, sino como ellos las sien-
ten. Lo que resulta realmente hermoso es, además, verdadero.
(*Pausa*.) El color, por si mismo, expresa algo; algo que no se
puede ignorar y que hay que aprovechar. (*Proyección de "El
jardín"; "La fontana del jardín"; "El parque".*) Querido Theo: he
vuelto a pintar lo que veo desde mi ventana. El trabajo me
hace bien. Ahora seguiré con autorretratos. (*Proyección de distintas versiones de "Autorretrato".*) Se dice que es difícil cono-
cerse a uno mismo; no creas que sea más fácil pintarse uno a sí
mismo. (*Pausa*.) Estoy luchando con una tela que empecé hace
unos días; es un segador, un estudio muy empastado. (*Proyección de "El segador".*) Para mí, este segador es la imagen de la
muerte, y la humanidad sería el trigo que él siega; pero en esta
muerte no hay tristeza y todo ocurre a plena luz, con un sol
que lo inunda todo con una luminosidad de oro fino... (*Pausa*.) Mi enfermedad me hace trabajar con cierta rabia; si para
Navidad no habré de tener otra crisis, me iré de aquí y volveré
a París. (*Proyección de "El celador" y "La mujer del celador".*)
Ahora estoy pintando al celador; luego pintaré a su mujer.
(*Pausa*.) Estoy mejor, pero la esperanza y el deseo de triunfar
ya no existen; trabajo para no sufrir tanto y para distraerme.
Además, para triunfar hay que tener ambición, y la ambición
me parece absurda; yo no haré jamás lo que hubiera podido y
debido hacer. (*Proyección de dibujos: "La piedad", "La resurrec-
ción de Lázaro" y "La ronda de prisioneros".*) Tengo problemas
con la administración y con las hermanas; me tienen prisionero. Me duele que en todos lados se me produzcan problemas
que me hacen insoportable la vida. Estoy trabajando mucho,
porque temo que una crisis violenta podría destruir por completo mi capacidad de pintar. Me reprocho no haber defendi-

do mejor mi taller de Arlés, aunque hubiera debido pelear con los vecinos y los gendarmes. (*Pausa.*) Mi querido Theo: sigo con las copias, a falta de modelos; ahora sólo me interesa hacer figuras. (*Proyección de "Los campesinos"; "El buen samaritano".*) Si sigo aquí, no podré seguir trabajando; lo mejor sería ir a vivir con otro pintor, cerca de París. Aquí no se hace nada para curar a los enfermos; el ocio en que viven estos pobres desgraciados es una peste. (*Proyección de "Cipreses bajo la luna".*) Lo que me dices sobre el doctor Gachet es interesante, lo recuerdo, me pareció agradable y quizá sería una buena idea que me fuera a trabajar a Auvers, a su lado. Te mando algunos estudios; hice uno del hospital de Arlés (*Proyección de "Sala del hospital de Arlés"*), y he vuelto a trabajar afuera. (*Proyección de "Las montañas" y "Campos de trigo".*) Estoy haciendo ahora el retrato de uno de los enfermos; es curioso, pero al tratar un tiempo a esta gente, cuesta creer que se trata de locos. (*Proyección de: "En el umbral de la eternidad" y "Cabeza de hombre".*) Prefiero pintar los ojos de los hombres que pintar catedrales; en los ojos hay algo que no se encuentra en las catedrales, por majestuosas que sean; lo que más me interesa es el alma de un ser humano, aunque sea pobre, harapiento o una mujer de la calle. (*Proyección de copias de Daumier y Millet; de pronto, vacío en la pantalla y el sonido del mistral; después de un tiempo:*) Querido Theo: recibí el artículo de Aurier; quisiera que le pidas que no escriba más sobre mí; siento demasiada melancolía para exponerme a la publicidad; podría hacerme daño. He tenido otra crisis; temo que nunca llegaré a dominar esta enfermedad. (*Pausa.*) Yo le escribí a Aurier para señalarle su error al darme tanta importancia en la renovación actual de la pintura; son muchos los pintores que han hecho más que yo por este sueño y se merecen, por lo tanto, sus elogios. (*Pausa. Proyección fija de "En el umbral de la eternidad".*) Pienso que ya es tiempo de que me vaya a Auvers; antes pasaré a verte en París. Aquí me siento muy mal, muy triste; escríbele al doctor Peyron dando tu autorización para que me deje partir, digamos, el quince de este mes. Lo peor aquí es ver el sufrimiento de los otros y su progresiva aniquilación por el ocio; si el doctor Gachet lo considerara necesario, podría pensar en volver a un asilo, pero iría a un lugar donde se deja a los enfermos trabajar en los campos, así me sentiría mejor. Pienso que si el doctor Gachet ama realmente la pintura y el arte me comprenderá y podré estar bien a su lado. Gracias por todo. No olvides mandar una copia del artículo de Aurier a Tersteeg. (*Se ve a Vincent levantarse y mirar a través de la ventana enrejada.*) Querido hermano Theo: gracias por tu carta; el doctor Peyron me ha dicho que tiene tu autorización y que puedo irme. Mañana salgo para Arlés; ya le he escrito a Roulin que me espere; así podré despedirme de los amigos y disponer de los trabajos que todavía están en la Casa Amarilla. No te preocupes por nada. Dentro de dos días estaré en París; saludos a Jo; dile que ya hablaremos personalmente sobre el nombre que piensan darle al niño. Hasta la vista, Theo. (*Proyección de los cuadros: "El parque", "El jardín del asilo" y "El asilo de Saint Rémy", como al principio; la luz de la lámpara se va apagando de a poco.*)

Cuadro VI: *La Casa Amarilla; al atardecer. Está lloviendo pesadamente; el clima es gris-violáceo, triste; se escucha el sonido del tren a lo lejos. El lugar parece abandonado; se notan los efectos de una reciente inundación; hay telas y cartones por el suelo, mojados; todo está sucio, revuelto y desordenado. Vincent y Roulin, junto a la puerta por la que acaban de entrar, miran todo; Roulin, muy enojado; Vincent, con una serena tristeza. Después de un tiempo, Vincent se adelanta con gran cuidado, como si fuera un lugar ajeno y desconocido.*

ROULIN: (*Mirando con rabia hacia afuera, antes de cerrar la puerta.*) ¡Estos malditos gendarmes! ¡Poco más y tenemos que echar abajo la puerta! ¿Qué se creen, que vamos a robarnos las paredes? ¡Si serán estúpidos!

VINCENT: Es la orden que tienen, Roulin. Deben vigilar la casa; no pueden hacer otra cosa. (*Sigue observando todo.*)

ROULIN: ¡Eso es una barbaridad! Imagínese que durante todo este tiempo no dejaron entrar a nadie; mi mujer y la señora Ginoux le hablaron al jefe de policía, sólo querían entrar a limpiar un poco, pero no hubo caso. El propietario dijo que tenía que estar cerrado, y mire...; hace dos semanas se inundó toda esta zona y, claro, ¡mire cómo se ha arruinado todo!

VINCENT: (*Sin tocar nada.*) No importa, Roulin. Eran sólo estudios..., sólo proyectos.

ROULIN: Pero, sus dibujos, señor Vincent. (*Levanta una de las telas de flores.*) ¡Y estas lindas flores...! (*Emocionado, no puede seguir.*)

VINCENT: (*Se acerca a la ventana; mira como llueve.*) ¡Qué triste está el día! ¿Sabe, Roulin? ¡Esta tenía que ser la casa del sol, una casa dorada, la casa de la alegría; y vea, siempre pasa, ahora se ve la verdad; lo dorado era sólo un poco de pintura; una capa de pintura que cubría toda esta miseria! (*Toca con el pie una parte del zócalo que se desprende.*) Mire, debe haber ratas, también. Es la verdad. Pero yo no la vi cuando vine aquí, o no quise verla. Sólo podía soñar; soñar que éste era un lugar hermoso; que toda la gente era buena; que yo iba a ser un buen pintor; que Sien y yo íbamos a ser felices aquí; pero ya ve..., fueron sólo sueños. Estoy condenado a no tener nunca un hogar ni un lugar que pueda llamar mío. Es mi destino.

No se puede luchar contra algo tan fuerte; hay que aceptar los límites; la casa del sol se ha hundido en la oscuridad. (*Pausa.*) Y por mi culpa, se hundió también el sueño que era importante para tantos pintores que debían aprovechar la experiencia de este taller de artistas. Les he fallado a todos.

ROULIN: (*Después de un tiempo.*) ¿Sabe algo de la señorita Cristina?

VINCENT: (*Asiente.*) Me escribió a Saint Rémy cuando se enteró de lo que había pasado. Está muy bien. Se casó. El chico está bien, también. (*Se sienta.*)

ROULIN: (*Después de un tiempo.*) La vida es dura, señor Vincent.

VINCENT: (*De pronto, desesperado.*) ¡No puedo más, Roulin! ¡Si usted supiera...; es como si estuviera al final de un camino que todavía no empecé a recorrer! No confío ya en curarme; es un mal traicionero y los médicos no pueden hacer nada. ¡Mi suerte está echada; no veo la menor esperanza de felicidad!

ROULIN: No diga eso; usted se pondrá bien, ya verá.

VINCENT: ¿Qué pueden hacer los que no logran derribar los muros de su ratonera?, ¿cómo comunicar?, ¿con quién, cómo amar si todo grita el odio?, ¿cómo seguir luchando por la verdad cuando lo que domina es la mentira? ¡Además, hay tanto sufrimiento, Roulin; no pude seguir en Saint Rémy, viendo todo ese dolor sin remedio; es como si un gran mar nos rodeara, un mar de miseria, de enfermedad y de muerte; y nosotros tratamos de nadar y sacar la cabeza, y en los momentos en que lo logramos, creemos ser felices; pero no... la realidad es la de ese mar que lo va llenando todo!

ROULIN: Hay que tener fe.

VINCENT: ¿Fe? ¿Cómo, Roulin? Dios sólo aparece en esos momentos escasos en que podemos sacar la cabeza; como una estrella que resplandece en un cielo demasiado lejano...; o ese sol que ahora parece haberse hundido también; ¿o será que mis ojos están ciegos por ver tanta miseria; y sólo habría que volver a abrirlos... y seguir buscando? (*Recita para sí.*) "Cualquiera que siga la verdad, escucha mi voz". ¡Si pudiera creerlo otra vez!, pero hay que tener fuerza para eso, y yo no la tengo ya; no más esperanzas, no más temores, no más nada; sólo el vacío y cierta vaga obstinación que me empuja a seguir respirando aunque no sepa ya para qué.

ROULIN: Es duro ser distinto a los demás.

VINCENT: (*Asiente.*) Lo dejan a uno solo si no renuncia a lo que cree; y yo no puedo renunciar a eso. Tantos han querido lograrlo, conseguir que me vuelva sensato. No, no puedo renunciar a mi sueño, pero tampoco puedo luchar ya por él; y además, el miedo, el miedo de que pudieran obligarme a ser como ellos; eso no, eso nunca, Roulin. ¡Pero la lucha es difícil; es muy difícil!

ROULIN: No hay que pensar tanto, señor Vincent. Uno tiene que hacer su trabajo, como el campesino que ara su campo. Y cuando uno no tiene caballo, uno hace por sí el trabajo. Eso es lo que muchos hacen aquí. Usted también debería hacerlo, y seguir adelante.

VINCENT: Hay muchas cosas que se están apagando, Roulin; dejo que las cosas lleguen a mí y que todo pase solo... No lo pienso, no crea; no puedo pensar; no quiero hacerlo; creo que si lo pensara bien... (*Recordando, de pronto.*) Ah, me olvidaba de contarle. Jo, mi cuñada, me escribió hace poco, antes de dejar yo Saint Rémy. Está esperando un chico. (*Contento.*) ¿Qué le parece?, Theo va a ser padre.

ROULIN: Es una gran noticia.

VINCENT: Y mire la ocurrencia que han tenido; Jo dice que quieren llamar Vincent al niño –porque está segura de que va a ser niño- y quiere que yo sea el padrino. ¡Qué idea! Y también Theo insiste en lo mismo; me escribió que desea que el niño sea tan fuerte y perseverante como yo; no hay caso, el cariño ciega a la gente.

ROULIN: A mí me parece una gran idea.

VINCENT: Aquí tengo la carta de Jo. (*Saca la carta.*) Habla de su hijo Camilo.

ROULIN: ¿De mi hijo?

VINCENT: Sí, ¿se acuerda del retrato que pinté de Camilo? (*Roulin asiente.*) Escuche: "He colgado el retrato del bebé de los Roulin de tal manera que puedo verlo desde mi lugar en la mesa; ¡deseo tanto tener un bebé así, con esos ojazos grandes y azules y esas manitos; y que algún día su tío venga aquí a hacer su retrato!

ROULIN: (*Contento.*) Debe ser una gran mujer.

VINCENT: (*Guarda la carta.*) Teme que como ella y Theo andan mal de salud, el niño pueda ser débil.

ROULIN: ¡Qué tiene que ver eso! Mi mujer estuvo delicada antes de nacer Armando, y también cuando nació Camilo, y ya ve; los chicos son unos toritos. ¡Y si habremos pasado hambre cuando nació Marcela...! No, no tiene nada que ver. (*Contento.*) ¡De modo que va a ser tío; cómo me alegro!

VINCENT: ¡Otro pequeño Van Gogh! ¡Ojala no tenga mi suerte! (*Se levanta.*)

ROULIN: Usted se pondrá bien, señor Vincent; ya verá.

VINCENT: Tiene razón. No me haga caso. Todo se arreglará. ¡Me hará bien ir a Auvers!, me pondré fuerte otra vez y podré ganarme la vida y ayudar a Theo. Ganarme la vida..., es una expresión tan graciosa, ¿no le parece?, si uno consigue dinero, se gana la vida; nunca lo pude entender; la vida es algo que hay que ganar... en dinero; algo que hay que pagar, parece..., quizás con la sangre de uno si no se sirve para ganar dinero. (*Roulin está mirando por la ventana.*)

ROULIN: Pensar que pronto dejamos esto; los chicos van a extrañar a Arlés, y también yo.

VINCENT: Es cierto; ahora me quedo también sin usted, amigo mío. ¿Adónde lo trasladan, me dijo?

ROULIN: A Marsella; es cerca, no es tan lejos.

VINCENT: Usted, en Marsella; Theo, en París; Sien, en La Haya...; no tendré ya a nadie..., y estaré más solo que nunca.

ROULIN: (*Triste, después de un tiempo, señalando los papeles y telas.*) ¿Se va a llevar ahora algo de esto?

VINCENT: No, Roulin. No me va a hacer falta. De cualquier manera, les escribiré desde Auvers a los Ginoux para que me manden las telas que dejé en su casa; o para que se las manden a Theo. Ya veremos. (*Se escucha el sonido del tren.*) Bueno, ya es hora de decirle adiós a esta casa..., y a Arlés.

ROULIN: ¿Por qué adiós?, usted volverá..., y Arlés le parecerá muy distinta.

VINCENT: (*Seguro.*) No. Yo no volveré más. (*Muy serio.*) Y sé que tampoco volveré a verlo a usted, Roulin.

ROULIN: (*Emocionado.*) No diga eso, vamos.

VINCENT: Lo sé. (*Le estrecha las manos.*) Mi querido Roulin; ha sido bueno tenerlo por amigo.

ROULIN: Le escribiré, si usted me lo permite.

VINCENT: Si se lo permito... (*Con desesperación.*) ¡Por Dios, Roulin..., mi muy querido Joseph...; le ruego que lo haga!

ROULIN: Se hace tarde; es mejor que vayamos a la estación, señor Vincent.

VINCENT: Sí, es tarde. Demasiado tarde. Vamos, Joseph. (*Después de una rápida mirada de pena y de amor por todo el cuarto, sale bruscamente. Roulin lo sigue; en el momento en que salen se ve la luz de un relámpago y luego se escucha un fuerte trueno; después, la lluvia se descarga con gran intensidad mientras el lugar se va oscureciendo lentamente.*)

Acto III

Cuadro I: *Una sala abarrotada de toda clase de objetos; muchos cuadros en las paredes y, por todos lados, bastidores con pinturas sin enmarcar. El clima es cálido y acogedor; el color es realista, muy sobrio. Asomado a una ventana por la que se ve el jardín se encuentra Vincent, vestido con más cuidado. Entra el doctor Gachet. Es a la mañana.*

GACHET: Buenos días, señor Vincent. Charlotte me dijo que había llegado.

VINCENT: Buenos días, doctor.

GACHET: ¿Cómo está?

VINCENT: Bien... bien. (*Señala su valija de trabajo; parece muy melancólico.*) Iba para el campo, a trabajar, y pensé visitarlo antes.

GACHET: Me alegro; hizo usted muy bien, amigo mío. Desayunará con nosotros, ¿verdad? (*Vincent va a negarse, pero Gachet se asoma a una puerta y grita.*) ¡Charlotte, el señor Vincent se queda a desayunar con nosotros! ¡Puede ir despertando a los chicos! (*A Vincent.*) Esta es la mejor hora de la mañana; no tienen que perderla. (*Contento, se frota las manos con satisfacción.*) Hoy va a hacer mucho calor, ¿no le parece?

VINCENT: (*Ensimismado en sus pensamientos, no lo escuchó.*) ¿Cómo?

GACHET: (*Lo observa con más atención.*) Digo, que el calor está apretando bastante, ¿no cree?

VINCENT: ¿El... calor?... Sí, claro. Ayer, en el trigal, todo parecía arder. Hace calor, mucho calor. (*El doctor abre un armario donde guarda varias armas; extrae una escopeta y un revólver que deja sobre la mesa y se pone a limpiarlos. Vincent se acerca a mirar su trabajo.*)

GACHET: Si no cae ningún paciente, esta tarde iré a cazar. Siempre me lo propongo, pero nunca lo puedo hacer; ser médico de campaña es una desgracia.

VINCENT: Y si no le gusta, ¿por qué no se va?

GACHET: (*Después de un tiempo, triste.*) Es la costumbre, creo. ¡Además, fui tan feliz en esta casa!

VINCENT: Lo siento. Perdóneme por habérselo recordado.

GACHET: ¡No, al contrario, si nunca lo olvido! Lo que pasa es que viviendo aquí, es como si ella estuviera todavía conmigo, cuidándome..., y a los chicos..., chicos, bueno; Cris ya tiene dieciocho años y yo todavía la veo como a una nena, y Francis, con sus dieciséis años ya es todo un hombre. ¡Si su madre hubiera podido verlos ahora, estaría muy orgullosa de ellos! ¡Pobre Henriette! (*Pausa.*) La vida es triste. (*Recuerda a Vincent.*) Pero lo importante es trabajar, ¿no cree, señor Vincent? El trabajo lo cura todo. (*Limpia la escopeta; Vincent examina el revólver.*) Si quiere...; pero no, a usted no le agrada cazar; lo olvidaba. (*Pausa.*) ¿Tiene noticias de Theo?

VINCENT: Ayer recibí carta de él; sigue algo enfermo; y también el niño está con fiebre.

GACHET: Eso no debe ser nada; los bebés tienen fiebre muy a menudo. ¡Qué bien lo pasamos cuando vinieron, hace dos semanas! ¡Debe estar orgulloso de tener un sobrino tan hermoso! ¡Y su cuñada, una gran mujer, ya lo creo; tan alegre y animosa! En cuanto a Theo, me imagino que será lo de siempre; cansancio; su hermano trabaja demasiado.

VINCENT: Trabaja demasiado..., y tiene demasiadas preocupaciones; mantener a su familia..., y a mí.

GACHET: Vamos, no diga eso. Theo es feliz ayudándolo y, dentro de poco, todo cambiará, ya verá.

VINCENT: (*Enojándose.*) No hable así, doctor. Nada cambiará.

GACHET: Vamos, después de esos artículos del Mercure, toda la crítica de arte tiene sus ojos sobre usted. Pronto será el pintor más vendido de Europa. Ya verá; mire que yo conozco el ambiente hace mucho.

VINCENT: Le escribí al crítico del Mercure; le pedí que no volviera a mencionarme, pero insiste; no comprende que me hace daño.

GACHET: (*Sorprendido.*) Pero, señor Vincent, ¿por qué hizo eso?, no lo vuelva a hacer; no ve, la semana pasada, Theo vendió un cuadro suyo; ¡y muy pronto venderá muchos más!

VINCENT: (*Ríe amargamente.*) ¡Vincent Van Gogh, el pintor que vendió su primer cuadro a los treinta y siete años; el gran artista! ¡No me haga reír, doctor Gachet! No nos engañemos.

GACHET: (*Después de un tiempo.*) De modo que el pequeño Vincent está con fiebre; empieza a conocer el dolor.

VINCENT: El pequeño Vincent...; ¡qué estúpida ocurrencia tuvieron de ponerle mi nombre! ¡Hubieran debido llamarlo como nuestro padre!

GACHET: Theo y Jo están orgullosos de usted, y también el niño lo estará. (*Vincent, cada vez más nervioso, se pasea por la sala.*)

VINCENT: ¿Cómo puede dejar estos cuadros así tirados? ¿No se da cuenta de lo que está haciendo? Aquí hay un Cezanne, y aquí un Pissarro. Es criminal dejarlos así.

GACHET: (*Ríe.*) Apenas pueda, los voy a enmarcar.

VINCENT: ¡Y con sus perros y gatos paseándose por aquí en cuanto se olvidan de cerrar la puerta del jardín, cualquier día va a encontrar las telas rasgadas o...; es una barbaridad! (*Trata de calmarse.*) Usted es todavía más desordenado que yo, doctor. Sería un buen paciente para Saint Rémy, se lo aseguro. (*El médico ríe; Vincent toma una pequeña talla para examinarla y, de pronto, se le cae de la mano.*) Oh, perdón...; perdóneme, doctor Gachet. No sé cómo ha pasado. (*Mueve la mano varias veces, como tratando de despertarla y la frota.*)

GACHET: (*Se acerca, levanta la talla y observa a Vincent con interés.*) No es nada, amigo mío. Pero, ¿qué le pasa? ¿Le duele la mano?

VINCENT: (*Esconde la mano en un bolsillo, tratando de disimular.*) No, es que está como dormida. Hace ya unos días que ocurre..., no es nada..

GACHET: (*Preocupado.*) Quizás ha estado trabajando demasiado. Le convendría descansar un poco.

VINCENT: ¿Trabajando demasiado? No, doctor; si en estos dos meses que llevo en Auvers, casi no he trabajado. (*Se sienta, triste.*) Mi mano se niega a pintar; trato de obligarla, pero..., no puedo. Pinto, no crea; todos los días hago un nuevo trabajo, pero no significa nada.

GACHET: A veces pasa; yo tengo a veces largas temporadas en que no puedo hacer un grabado más o menos decente.

VINCENT: No es eso; es como si algo se hubiera terminado dentro de mí; miro y no veo; se me pierde el color, mi mano trabaja en el vacío; es otra vez el muro, como cuando empecé a pintar; una gran nube negra que se pone delante y no me deja ver. La naturaleza no me cuenta ya sus secretos; se oculta. Lo que vi era demasiado hermoso, no logré expresarlo y ahora se ha ido. Y ya no volverá.

GACHET: Debe descansar. Quizás le haría bien ir unos días a París, a lo de Theo.

VINCENT: Ayer estaba pintando en el trigal..., y los vi. ¡Los cuervos...; ahí estaban!

GACHET: (*Riendo.*) No eran cuervos, eran cornejas; también yo las vi volar sobre el jardín.

VINCENT: (*Enojándose.*) ¡Eran cuervos! ¡Yo los conozco muy bien! ¡Estaban ahí, sobre el trigo dorado...; y nadie los espantaba! ¡Tendríamos que ir todos y matarlos; si no, devorarán el trigal! ¡Eran cuervos! ¡Claro que eran cuervos!

GACHET: (*Se levanta, preocupado.*) Está bien, si usted lo dice, señor Vincent; debe de ser así. No importa. El desayuno debe estar listo. (*Guarda la escopeta en el armario.*) Sabe, señor Vincent, creo que sería mejor que no vaya hoy a trabajar al campo; le conviene descansar, usted tiene fiebre, debe ser un resfrío de sol, algo pasajero. Bueno, ¿vamos a desayunar? (*Vincent no le contesta; está mirando los bastidores y, de pronto, furioso:*)

VINCENT: ¿Cómo puede dejar estas telas así? ¿Cómo puede despreciarlas de este modo? ¡Y usted cree entender de arte...; mire! (*Le muestra unos cuadros colgados, enmarcados.*) ¡Todo eso que usted tiene ahí es basura al lado de esto! ¡No merecen estar junto a estas telas! ¡Sáquelos, doctor; eso no es pintura!

GACHET: (*Se le acerca, tratando de calmarlo.*) Está bien, señor Vincent; los sacaré.

VINCENT: No me hable así, como si fuera un niño o...; ¿usted le dijo algo a Charlotte?

GACHET: (*Extrañado.*) ¿Sobre qué?

VINCENT: ¿Sobre mí?, ¿de que yo venía de Saint Rémy, del...?

GACHET: No, por supuesto que no. ¿Cómo se le ocurre eso?

VINCENT: Hoy, cuando llegué, me miró de una manera tan rara que..., como con miedo..., y no sólo ella. (*Pausa. Desesperado.*) Usted no entiende...; lo que pasa es que no sabe nada,

¿no se da cuenta?, no sabe nada de pintura ni de medicina; ¡no sabe nada de nada! (*Temblando.*)

GACHET: Esta tarde, si usted quiere ayudarme, nos pondremos a enmarcar estas telas; ¡hice mal en dejarlas así, es cierto!

VINCENT: No es que hizo mal; es un crimen. Colgar esta basura y...(*Gesticulando vivamente, arranca uno de los cuadros colgados; el doctor se adelanta para tomarlo pero Vincent, confundiendo su gesto, como para defenderse, parece ir a golpear con el cuadro al médico, que retrocede, asustado. Vincent de pronto toma conciencia de lo que está pasando, mira con sorpresa el cuadro que tiene en las manos y, consternado:*) Doctor..., doctor Gachet...

GACHET: (*Suave.*) Sí, señor Vincent...

VINCENT: (*Deja el cuadro, vencido.*) Estuve a punto de pegarle..., a usted, mi amigo.

GACHET: (*Vuelve a colgar el cuadro.*) No es nada, señor Vincent. Ya le dije, es el calor; podría jurar que usted estuvo trabajando demasiado. Eso es malo.

VINCENT: (*Se toma la cabeza entre las manos.*) Me duele la cabeza.

GACHET: Le traeré bromuro. Prométame que irá a acostarse inmediatamente. A la tarde usted estará bien. Olvide esto; tiene usted el mal genio de muchos artistas. (*Ríe.*) Yo estoy acostumbrado a esto, tengo tantos amigos pintores. Ojala tuviera yo tan mal carácter y pudiera grabar la décima parte de bien de lo que usted pinta. No ha pasado nada, señor Vincent, ¿entendido? (*Le palmea la espalda, cariñosamente; Vincent asiente, muy preocupado. El médico sale, inquieto. Vincent mira sus manos, temblando.*)

VINCENT: (*Espantado.*) Estuve a punto de...; ¡oh, Dios! ¡Otra vez! (*Cierra los ojos, se tambalea, se apoya sobre la mesa y su mano tropieza con el revólver, que quedó ahí; abre los ojos y, sin comprender bien lo que está haciendo, empuña el arma.*) Debo volver al trigal, debo terminar mi cuadro. Pero los cuervos estarán ahí; no me dejarán trabajar. ¡Se están comiendo el trigo! (*Desesperado.*) ¡No los dejen!, ¡pero no hay nadie; debo hacerlo yo; debo terminar con ellos! (*Con el arma empuñada, sale tambaleándose por la puerta que da al jardín. Después de un tiempo, entra el doctor Gachet, que trae una cajita.*)

GACHET: Aquí tiene. (*Extrañado, al ver que no hay nadie.*) ¡Señor Vincent! (*Observa a su alrededor; de pronto, recordando, mira la mesa; se asusta, corre a la ventana y mira hacia el campo, gritando.*) ¡Señor Vincent! (*Por un momento queda quieto, como paralizado por lo que ve. Se escucha un tiro. Gachet parece despertar y, desesperado, grita hacia el interior de la casa.*) ¡Charlotte...! ¡Francis...! ¡Vengan! ¡Vengan pronto! (*Sale corriendo al jardín.*)

CUADRO II: *Un modesto cuarto de pensión, de paredes blancas. Vincent está acostado, fumando su pipa; a su lado, Theo. Por la ventana se ve que es de noche, muy tarde.*

THEO: (*Desesperado ante la serenidad de Vincent.*) Tienes que hacer un esfuerzo, Vincent; debes resistir un poco más; el cirujano vendrá pronto; el doctor Gachet dice que la herida no es grave, pero hay que sacar la bala; no debes moverte..., ¡y todo irá bien! Depende de ti, ¿entiendes?

VINCENT: (*Ríe, haciendo un esfuerzo.*) ¡Mira qué inútil soy que me disparo un tiro en el corazón, y ni siquiera soy capaz de dar justo en el blanco; no hay caso. (*Su rostro se crispa de dolor.*)

THEO: ¿Te duele?

VINCENT: No es nada. Pronto pasará. Lamento haberles dado este trabajo, no quería traer problemas, te lo aseguro. (*Pausa.*) ¡Qué buenos han sido Ravoux y su mujer, estuvieron todo el tiempo aquí, cuidándome! También Hirschig, es un buen pintor ese muchacho; está viviendo en Auvers desde hace un año y creo que tiene posibilidades, me gustaría que veas sus trabajos. ¿Sabes?, aquí, en la pensión, nadie sabía nada sobre mí. (*Theo lo mira, sin entender.*) Ravoux y la señora creían que yo era otro pintor como Hirschig, que vino a Auvers por el paisaje; no sabían que yo venía de..., de un asilo, ¿comprendes? Sólo el doctor Gachet lo sabía. Tenías razón sobre él, resultó una gran persona, un buen amigo. Cuando vine aquí, creía que..., quizás... iba a poder... Bueno, ¿para qué hablar? (*Pausa.*) Ayer empecé a escribirte; quería decirte muchas cosas; pero luego no pude seguir; comprendí que sería inútil. Un pintor sólo puede hacer hablar a sus cuadros. Tenía que contestarle también a mamá, pero... tampoco pude.

THEO: No hables..., te cansa.

VINCENT: Es curioso, hace tan poco tiempo que puedo escribirle directamente; y siempre siento como si me dirigiera a una persona extraña; a ella le debe pasar lo mismo conmigo; nunca llegó ni siquiera a imaginarse lo que ha sido mi vida; nunca me entendió. Es mi culpa, creo. Anoche, como no podía dormir, estuve recordando nuestro pueblito; era lindo Zundert aunque casi nunca había sol; el molino, el puente blanco y el jardín de casa, con las rosas rojas de mamá. ¡Qué felices fuimos entonces! Recuerdo una Navidad, cuando se reunió toda la familia. El tío Jan, con su uniforme lleno de medallas –siempre pensé que detrás de ese uniforme había un hombre que hubiera deseado ser otra cosa, quizás un escritor–, y el tío

Vincent que llegó con su coche nuevo y nos miraba desde su altura de comerciante enriquecido; papá no sabía dónde ponerlo de tanto que lo admiraba; mamá, preparando la comida con sus hermanas; y tú, Anna, Lies y Will corriendo por todos lados. Esa noche, cuando mamá nos besó antes de ir a dormir –todavía recuerdo su vestido de terciopelo azul, tan azul como sus ojos– estaba hermosa como una figura de Renoir. Tú no puedes recordar esa noche; eras muy chico. (*Pausa.*) Le escribirás ahora, Theo; y le explicarás esto.

THEO: ¿Explicarle?..., ¿cómo quieres que le explique algo que no puedo entender..., si esto es...? ¡Oh, Dios!

VINCENT: Dile solamente que era lo mejor. Ella comprenderá.

THEO: Todo estaba por arreglarse; estaba..., no, todo se va a arreglar.

VINCENT: No, Theo. La aventura salió mal. Lo que yo buscaba está más allá, siempre más allá de todo lo que pinté; todos mis cuadros son sólo el testimonio de un gran fracaso.

THEO: Es sólo cuestión de tiempo, de paciencia.

VINCENT: No, Theo; no resultó, quizás porque fui demasiado débil, si mi cuerpo hubiera resistido...; pero así, ¿qué dejo? Nada. Sólo treinta y siete años de sueños no realizados; treinta y siete años que me han dejado a la mitad del camino..; o quizás ni eso, sólo al comienzo de un camino que debía llevarme al sol, ¿recuerdas?, ¡y mira lo que tengo! ¡Cómo me engañé! ¡Fui demasiado ambicioso!

THEO: Ambicioso, ¿tú?

VINCENT: Sí, lo quise todo; siempre fue así; el todo o nada; quise la verdad del arte y la verdad de la vida y me quedé sin ninguno de ellos; sin arte y sin amor. Siempre pierde el que está aislado. Quise demasiado; en el fondo, quise triunfar, como lo quería papá; sí, Theo, también fui un cuervo.

THEO: No digas eso.

VINCENT: Es así; yo quería que todo este sacrificio mío, tuyo y de nuestros padres; que toda esta miseria se justificara por la creación de una gran obra; ¿no era eso ambición?, ¿vanidad?, ¿orgullo? Yo pensaba: quizás la existencia futura de una obra valiosa haga que todo nuestro dolor haya valido la pena; y era sólo la vanidad de creer que yo tenía ese sello divino del arte. Sí, en cierto momento, cuando empecé a creer que podía ser artista, dejé de trabajar con inocencia, con humildad, como debe ser; y traté de pintar para triunfar; no por el dinero, sino para dejar una gran obra; traicioné al arte y el arte me abandonó. (*Pausa*.) El camino del arte es estrecho; la puerta es angosta; son pocos los elegidos; y yo no estuve entre ellos.

THEO: ¡Estás equivocado! ¡Si supieras!, después del artículo de Aurier, mucha gente vino a casa, y también a lo de Papá Tanguy a ver tus trabajos; muchos críticos se interesan. (*Vincent niega con la cabeza*.) ¿No me crees?, sabes que nunca te mentí.

VINCENT: No es eso; yo sabía que podía pasar algo así cuando leí el artículo de Aurier, por eso le pedí que no hablara más de mí. Eso me hizo comprender el peligro; el peligro de traicionarme aún más; la tentación del éxito fácil; la satisfacción de mi vanidad. El artículo me gustó, Theo, ¿comprendes? Me gustó, aunque yo sabía que estaba tan lejos como al principio de lo que soñé hacer; y podía pensar ahora en pintar para tener éxito, y no en pintar para aprender a pintar. Y comprendí que había algo de cuervo en mí, algo de lo que siempre desprecié en los demás. ¿Cómo luchar contra lo que hay de los otros que uno desprecia dentro de sí mismo? Comprendí que todos tenemos algo de cuervo; que somos una extraña mezcla de cuervo y de trigo; de tinieblas y de sol; de sombra y de luz, en continua lucha. Pero hay que tomar el partido del sol, del trigal, y luchar contra los cuervos para que no ganen; y si uno ve que es demasiado débil y que si afloja esto será un triunfo para los cuervos, sólo le queda por hacer lo que yo hice: terminar la lucha. (*Entra el doctor Gachet; se acerca a Vincent y le toma el pulso.*)

GACHET: ¿Cómo se siente?

VINCENT: Bien, doctor.

GACHET: ¿No le duele?

VINCENT: No, estoy perfectamente. (*El médico menea la cabeza con desaliento; va hacia la puerta; Theo se le acerca y, en voz baja:*)

THEO: ¿Cómo está, doctor?

GACHET: Se está debilitando mucho.

THEO: ¿No puede hacer nada?

GACHET: Su hermano no colabora; se está dejando morir, Theo. Su cuerpo puede sanar, pero su voluntad... ¡Si llegara ya ese cirujano!, yo no me animo a operar, la bala está mal situada, y teniendo en cuenta su estado de ánimo... (*Muy emocionado, le estrecha las manos.*) Valor, muchacho, valor, amigo mío. (*Sale; Theo, desesperado, se acerca a la ventana y la abre.*)

VINCENT: (*Muy sereno.*) ¡Qué hermosa está la noche!

THEO: ¿Quieres que cierre la ventana?

VINCENT: No, déjala así; mira esas estrellas. ¿Podrá alguien pintar alguna vez el resplandor de una estrella? (*Mirando a Theo.*) Estás muy pálido, Theo; quizás esté muy fresco para ti, cierra si quieres.

THEO: (*Niega con la cabeza.*) No puedo entender ya nada, nada.

VINCENT: (*Muy suave.*) El mundo es un boceto que le salió mal a Dios...; pero, ¿sabes?, sólo los grandes maestros se equivocan así. (*Pausa larga. Fuma.*) Una vez, en Arlés, Roulin me llevó a ver una corrida de toros. Pasó algo con uno; le habían clavado el acero en el cuello, pero se desangraba demasiado despacio; entonces los toreros lo rodearon, tratando de hundirle más espadas para terminarlo; el público silbaba; no les gustó el trabajo; en realidad, el toro ya estaba muerto aunque seguía parado, pero querían verlo caer, y el toro no caía; era una agonía interminable. No pude quedarme. Después, pensé que si yo hubiera sido ese toro..., me habría tirado con el corazón hacia el estoque más próximo para terminar de una vez. (*Pausa.*) Quise decidirlo yo, ¿entiendes, Theo?, era la única libertad que me quedaba. (*Theo, de pronto, se acerca al lecho, se arrodilla y abraza a Vincent, llorando; Vincent le acaricia con ternura el cabello.*) Perdóname, hermano; perdóname; el sueño del molino no pudo ser. Era bueno; pero los cuervos fueron más fuertes que el trigal...; fueron más... fuertes. (*Se debilita.*)

THEO: (*Rogando.*) Tienes que hacer un esfuerzo; pronto llegará el cirujano; te salvará.

VINCENT: ¿Para qué? (*Se repone con dificultad; toma un poco de agua que le ofrece Theo y, más animado:*) ¿No ves, Theo?, así como estaban las cosas, sólo podía elegir una de las dos salidas, o volverme cuervo, prostituyendo mi pintura, pintando para vender; o declararme loco. La locura era una salida interesante, la probé. Pero no era verdad. Fui a Saint Rémy buscando un refugio; pero no era como ellos. Sólo tenía de común con ellos el no poder dormir y algunas crisis pasajeras; pero no, ellos lo tienen, Theo; tienen esa paz, esa alegría..., es como si hubieran llegado al fondo de sí mismos; y allí hubieran encontrado la respuesta que lo explica todo, lo que yo buscaba, lo que nunca encontré. Ellos son felices, casi todos, y los que no lo son, es porque tampoco son locos. Las hermanas se dieron cuenta de lo que yo quería; me toleraban, pero sabían que yo estaba ahí escondiéndome para pintar, y para no estar solo. Por eso me tuve que ir; además del riesgo de convertirme de veras, si me quedaba, en un pobre ser que no se domina a sí mismo, como muchos de los que están ahí demasiado tiempo. (*Desesperado.*) ¿Comprendes, Theo?, no quería estar entre los cuervos y no podía seguir entre los locos; porque eso era además aceptar que me ubicaran en el orden de los cuervos. Igual lo podrán hacer, claro. Quizás lo más triste sea que..., si alguien habla alguna vez de mí, con decir: fue un loco, crean que entendieron algo. Será su venganza..., como si mataran algo que no puede morir..., algo que está cada vez más vivo..., nuestro sueño, Theo; nuestro sueño de una vida mejor, más justa y más hermosa, más humana. El sueño era bueno; pero yo fui demasiado débil para realizarlo. Por eso, porque yo perdí la pelea, podrán creer que ganaron ellos. Podrán decir: ese Van Gogh, lo único que le quedaba por hacer era matarse; ¡claro, estaba loco!; y podrán creer que ellos tienen razón; pero no, Theo...; yo sé que lo que yo no alcancé, otros lo alcanzarán, y al final ganarán..., tienen que ganar. (*Theo ríe tristemente.*) ¿De qué te ríes?

THEO: Iba a escribírtelo. Ayer logramos reunir los cinco mil francos que hacían falta para empezar con la sociedad de artistas; el primer taller iba a funcionar aquí, en Auvers, bajo tu dirección; todo estaba preparado.

VINCENT: Sigue con eso; la idea es buena.

THEO: Ya no haré nada.

VINCENT: Tienes que hacerlo, Theo. Por mí; debes ayudar a los jóvenes; será la única forma de que todo esto haya significado algo. ¿Lo harás? (*Theo asiente por fin. Vincent sonríe, feliz.*) Ellos lo lograrán; Signac, Bernard... (*Pausa.*) Sí, Pissarro, Gauguin y yo habremos sido sólo intermediarios para que la próxima generación lo logre; sólo eslabones en la cadena. (*Se levanta un poco, ilusionado.*) ¿Sabes, Theo?, me hubiera gustado ver ese mundo nuevo que se viene. Van a pasar muchas cosas, lo sé. Estamos en 1890; sólo a un paso del nuevo siglo; una nueva vida, un nuevo arte, un nuevo ser humano; ¡creo en todo eso, creo en ese mundo nuevo que va a venir, que tiene que venir! Todo está cambiando ya, aunque muy pocos lo ven. El nuevo siglo será distinto. La gente entenderá mi sueño, el sueño de Paul..., y de todos los que quieren crear, no destruir; se encontrará una manera más justa de vivir, donde el artista, el investigador, el creador, no tenga que vivir mendigándole a la sociedad unos mendrugos de pan para poder dedicarse a su trabajo...; donde no se castigará al individuo que tenga el sueño de crear belleza, de decir la verdad o de luchar por la justicia; donde no se lo tomará por loco por querer vivir así. ¡Me gustaría ver ese nuevo siglo! (*Pausa.*) ¡Hay que enseñarles a los jóvenes a conocer a los enemigos de ese mundo nuevo y a luchar contra ellos! (*Entusiasmado.*) Si, yo fallé, pero ellos llegarán. El arte puede lograr lo que nosotros soñamos; si lo hizo antes, ¿por qué no podría pasar de nuevo? Si Rembrandt lo consiguió, si Millet y Daumier lo hicieron, ¿por qué no en nuestro tiempo? El futuro, el siglo veinte; sí, entonces el arte dirá la verdad, y servirá para cambiar muchas cosas; un arte que no sirva para adornar sólo salones de ricos ni para ser encerrado y congelado en museos y galerías; un arte del pueblo, que muestre lo que la gente sufre, y que enseñe lo que se podría hacer para remediar el dolor; que muestre lo que debería ser la vida en la tierra; la vida entre hombres que sean hermanos amantes y no fieras lanzadas unas contra otras para devorarse; el arte puede hacerlo, Theo; el sol..., esa verdad que yo busqué, hay que seguirla buscando. Estaba equivocado, ¿cómo no me di cuenta? No fue el arte quien falló, fui sólo yo..., mi mala suerte..., aunque tampoco fue tan mala...; hubo momentos, Theo...; momentos en que vi lo que debió de haber visto Rembrandt; vi ese mundo nuevo, distinto...; vi el sol sobre el trigal; ¿sabes, Theo?

THEO: ¡No hables; no te muevas; te estás haciendo daño!

VINCENT: Pero después aparecían los cuervos..., y lo cubrían todo; yo no quería que lo devoraran. Pero no..., no hay peligro. Los cuervos no pueden terminar con el trigal; el trigal sigue vivo, a pesar de todos los cuervos del mundo; sí, siempre habrá trigales; y aunque muchos granos desaparezcan sin germinar, siempre habrá otros que enraizarán y crecerán; esa es la verdad. Y cada vez habrá más trigo..., cada vez más..., lo sé, lo veo. Ganará el sol.

THEO: (*Tratando de hacerlo acostarse.*) ¡Tranquilízate, por favor...!

VINCENT: Querido... Theo...; cuídate, cuídate mucho, o los cuervos te atacarán..., y yo no podré protegerte..., ellos siempre descubren a los que llevan esa luz dorada en el alma; a los que son trigo..., y tratan de destruirlos; los odian, porque ellos llevan la oscuridad adentro..., aunque también viven gracias al sol...; cuídate, Theo...; querido... Theo. Tú debes vivir y ser feliz..., con Jo, con el niño.

THEO: Sin ti, yo no soy nada, Vincent; soy sólo lo que tú hiciste de mí; sin ti, yo no existo.

VINCENT: (*Alarmado.*) No; tú debes seguir adelante con todo esto, ¿entiendes?

THEO: Sí, Vincent; pero no hables ahora.

VINCENT: (*Se recuesta, débil.*) Me siento mejor; aunque tengo tanto sueño; tanto sueño...; ahora, por fin, podré dormir.

THEO: Te salvaremos, te salvaremos.

VINCENT: No vale la pena, Theo. La tristeza duraría toda la vida. (*Durante un tiempo quedan en silencio; Vincent está muy agotado; de pronto, parece despertar, hace un gesto de dolor.*)

THEO: ¿Te duele?

VINCENT: (*Angustiado.*) ¿Te das cuenta, Theo?, todavía no te he dibujado; busca un papel y un pedazo de carbón; un papel, Theo..., ¡apúrate! (*Theo va a negarse pero, ante la desesperación de Vincent se levanta y busca sobre una mesa; mientras tanto, Vincent cae hacia atrás; murmura, suavemente:*) Sería inútil..., la tristeza... duraría... toda... la vida. (*Se queda quieto.*)

THEO: (*Ofreciéndole un papel.*) Aquí tienes. (*Vincent no lo toma.*) Vincent... (*Le toma las manos, desesperado, gritando:*)

¡Vincent! (*Entra el doctor Gachet, se acerca a la cama y examina a Vincent; luego cierra sus ojos.*)

GACHET: (*Muy triste, muy sereno, a Theo.*) Ya no sufre, Theo. (*Theo lo mira sin poder creerlo; por fin, se deja caer junto al lecho y apoya sobre las manos de Vincent su rostro bañado en lágrimas.*)

CUADRO III: *La sala de la pensión; paredes blancas contra las que se apilan, puestos al revés, una gran cantidad de telas y cuadros. En el centro, sobre unos caballetes, el ataúd. Junto a él, Theo, muy sereno. Entran el doctor Gachet y Roulin que traen cuadros pintados sobre telas y bastidores y los depositan en un rincón. Es a la tarde; por las ventanas entra la luz rojiza del sol en todo su esplendor, que llegará a su máxima luminosidad dorada al final. Roulin se acerca a Theo.*

ROULIN: (*En voz baja.*) El señor Bernard y el señor Tanguy han llegado; pronto estarán aquí. Yo me adelanté para traer todo esto.

THEO: ¿No hay noticias de Laval ni de Bonger?

ROULIN: Me ha dicho el señor Bernard que vienen en el próximo tren. (*Theo asiente; Roulin, sin saber qué hacer, mira a Gachet que se acerca.*)

GACHET: El señor Roulin trajo el resto de las telas que habían quedado en Arlés, Theo; ¿quiere que las dejemos aquí o prefiere que las llevemos arriba?

THEO: (*Interesado.*) ¿Las telas de Arlés?

ROULIN: (*Asiente, emocionado.*) El señor... Vincent..., me había pedido en su última carta que si pasaba por allá antes de venir a visitarlo, le trajera todo lo que todavía quedaba en la casa de los Ginoux, y pensé que... (*Muestra las telas.*) Ahí están. Si quiere, las llevo arriba. (*Theo niega con la cabeza; se acerca a las telas; da vuelta una y la mira; es una "Noche estrellada".*)

THEO: (*Suave, recordando.*) ¿Podrá alguien alguna vez pintar el resplandor de una estrella...?

GACHET: (*Extrañado.)* ¿Cómo?

THEO: (*Emocionado.*) Nada. Nada. (*Mira las otras.*)

GACHET: (*Examinando otra serie de cuadros.*) ¡Yo no conocía éstas..., son..., son estupendas! (*Menea la cabeza con tristeza.*)

THEO: *(Sin mirar a los otros, como para sí.*) Cuando Vincent decidió ir a Arlés, estaba viviendo conmigo en París, en un departamento muy chico. Había pintado muchísimos trabajos durante el tiempo que vivió ahí, y como eran tantos, teníamos las telas enrolladas metidas debajo de las camas, sobre los roperos, por todos lados. La tarde que se fue, yo estaba fuera. Vincent sacó las telas, las colgó en las paredes y se marchó. Cuando llegué, me encontré con el departamento así; las paredes parecían tener vida, y pude hacerme la ilusión de que Vincent seguía ahí, conmigo. (*Pausa. Recordando.*) También en Holanda hacía lo mismo en casa de nuestros padres; después de pasar una temporada, cuando le llegaba el deseo de irse a otro lado, antes de marcharse –nunca avisaba a nadie- colgaba sus últimos cuadros por todos lados y luego se iba. Mamá..., y también nuestro padre..., pasaban horas mirando sus telas cuando él no estaba. Vincent decía que así, al dejar sus trabajos, era como no irse.

GACHET: (*Pensativo.*) Que era como no irse... (*Mira de pronto a Roulin; ambos piensan lo mismo; se vuelve a Theo.*) ¿Usted lo permite? (*Theo parece ir a negarse pero luego, comprendiendo, asiente gravemente con la cabeza. Gachet y Roulin empiezan a desplegar las telas enrolladas y a colocar los bastidores sobre las paredes. La luz del sol se va acentuando en su tonalidad rojiza, iluminando las paredes. En breve, todo el cuarto resplandece con un brillo dorado que ilumina los cuadros. Roulin, Gachet y Theo se quedan mirando, con un asombro cada vez renovado, todo ese esplendor.*)

THEO: (*Murmura débilmente.*) Es el sol, como él lo decía. Lo encontró. (*Como si le hablara a Vincent.*) Tenías razón, Vincent. Es el sol, y nadie podrá negarlo. No importa lo que nadie diga, Vincent; triunfaste.

GACHET: Déjelo, Theo. Ya no pueden hacerle nada.

THEO: No es eso; es que él venció. (*Triste.*) Pero no lo sabía.

GACHET: (*Que está cerca del ataúd abierto, señalándolo.*) Quizá sí, Theo. ¿No ve?, está sonriendo. (*Theo y Roulin se acercan y miran a Vincent.*)

THEO: (*Sorprendido, asiente.*) Sólo una vez lo vi sonreír así, fue cuando éramos niños, muy pequeños..., en el molino de Rijswick. (*Comprendiendo, como aliviado.*) Sí, creo que por fin lo sabe; usted tiene razón. (*La luz del sol inunda todo de una luminosidad de oro fino; se proyectan alternadamente diapositivas de los cuadros principales de las distintas épocas a un ritmo que se va acelerando hasta crearse un fulgor dorado que hace esplender todo el cuarto; el ataúd y las tres figuras se transforman en siluetas cada vez más vagas que terminan devoradas por ese incendio de color en movimiento*).

FIN

Apéndice

A- "Sócrates"

1 – Críticas y notas periodísticas

El cronista comercial – Buenos Aires, 21 de febrero de 1972. "Las verdades peligrosas" – "Sócrates" por Sara Strassberg. Editorial Ismael Colombo.

"Sócrates no fue otra cosa que una víctima de una costumbre peligrosa: decir su verdad sin pensar que con ella podía perjudicar intereses muy importantes. Por lo pronto afectaba a quienes por cobardía o por interés o por mezquindad simplemente ocultaban la suya.

Esa riesgosa determinación de algunos hombres de decir su verdad, se ha cobrado varias víctimas. La más notable es la de Jesucristo. Sus apóstoles lo siguieron. A Cristo lo crucificaron. A los apóstoles les fue muy mal.

Si buscamos antecedentes para escribir una obra en la cual además de las estructuras formales se diga algo, ejemplos sobran. Depende de lo que uno quiera decir. Sara Strassberg eligió a Sócrates. La elección, desde mi punto de vista, es excelente. Hay demasiadas víctimas; demasiadas injusticias se han concretado en las personas que por obra y gracia de sus principios no vacilaron en decir su verdad. Por lo menos merecen que por medio de su martirio ejemplifiquemos. Es una forma de hacer que su sacrificio no haya sido totalmente inútil. Sócrates tiene en manos de la autora ese valor simbólico. Quien quiera ejercer ese derecho inalienable de vivir peligrosamente, se sentirá revalorizado por Sara Strassberg. Como medio para seguir ejerciendo ese derecho tal vez no sirva; como consuelo sí.

Si lo que la autora defiende y valora por medio de la mítica figura de Sócrates no estuviera acompañado por una impecable construcción de la obra, no valdría teatralmente hablando.

Sería una tesis, una monografía teatralizada. Ese peligro que encierra una obra teatral cuyo contenido esencial es un personaje histórico, es diestramente salvado por Sara Strassberg. El principio elemental de que en teatro el diálogo es acción, es respetado y muy bien explotado.

Sara Strassberg es una autora clásica. Esto no es un cargo. Jean Paul Sartre y Albert Camus también lo son. El problema de la forma se resuelve por medio de una fórmula muy simple, aunque escasa: el talento. Este juicio lo comparte Bernardo Canal Feijóo, que prologa en forma correcta a la obra en cuanto a sus juicios sobre ella y la autora. En cambio, cuando se refiere a la falta de 'deslenguamiento, sin exabruptos gratuitos y sin gesticulaciones', puede entrar en un error. Si la obra de Sara Strassberg no es representada no es por esas carencias, sino por ese ejemplo magnífico de que quien dice la verdad irrita, produce un revulsivo capaz de transformarse en una verdadera revolución que dé al ser humano una dignidad real, imposible de ser menoscabada, manoseada por un sistema cualquiera sea el signo de ese sistema. Esa tesis socrática que la autora desarrolla en una obra muy meritoria por sus valores teatrales, la marginan de la izquierda, de la derecha y del statu quo. Eso permite augurar que esta obra permanecerá largamente ignorada».

A.R. *(Andrés Ruggeri)*

Raíces- Año V- No. 37 – Julio 1972

"Las obras teatrales basadas en personajes de la vida real y de la historia tropiezan con las mayores dificultades posibles: dar una voz convincente a figuras demasiado conocidas, recrear una atmósfera, evitar la tentación de la grandilocuencia. Esta joven autora, recientemente ganadora de la Faja de Honor de la Sociedad Argentina de Escritores en la categoría teatro, por la obra que comentamos, ha superado esas dificultades con una sencillez de lenguaje y una dignidad verdaderamente raras. Sencillez y dignidad son precisamente los rasgos que se desprenden de este Sócrates visto con todo el temblor de su humanidad y con su filosofía antidogmática, puro tanteo y revelación de la verdad escrita, pero oculta, en el alma de todos. Sin 'filosofar' (dicho en el peor sentido), sin discursear, esa figura que sufre la verdad y que se coloca por encima del hedonismo, del orgullo y de la violencia de la Atenas de su época nos muestra las causas profundas de la guerra y de la necesidad de dominación, a través de un idioma de gran pureza en el que no es posible rastrear una sola nota impostada o inauténtica. La acción teatral se desarrolla con la exacta vivacidad requerida por el tema, es decir, el *tempo* dramático necesario para que el desenlace madure con naturalidad. No hay innovaciones, no es un teatro de experimentación, es un excelente ejemplo de las posibilidades tradicionales del teatro cuando esas posibilidades no se siguen explotando con cansancio sino con un manejo sutil y una honestidad evidente".
Alicia Dujovne Ortiz

LRA Radio Nacional – Las Dos Carátulas- El teatro de la humanidad- 6 de octubre de 1968 – "Sócrates" – Drama en tres actos y once cuadros de Sara Strassberg (estreno para la República Argentina); dirección: María del Pilar Lebrón, con la actuación de Daniel Ferrara, Rodolfo Caraballo y Juan Alberto Domínguez.

"La vida y la obra próceres de Sócrates es el alto objeto de este trabajo de Sara Strassberg 'Sócrates', que obtuvo mención especial en el concurso de obras teatrales 'Premio Teatro General San Martín' correspondiente al año 1967. En tres actos y once cuadros trata de expresar los paradigmas y esencias de esa vida sin par, de esa doctrina que aún sigue vigente en todos sus enunciados y alcances. Y lo hace con una mecánica teatral no común, con un conocimiento vasto y profundo de la filosofía socrática, y una visión actualísima de lo que importa –desde el punto de vista ético y social- la figura, ardiente y serena, del maestro acusado de corromper a la juventud. El pensamiento heleno del siglo V a.C. al que tanto debemos (y que tanto nos habría limitado, a su vez, según la afirmación de Ortega), y el mundo político de entonces, reviven en los diálogos de esta obra que se halla en violento contraste con dos de las piezas de la misma autora, ya publicadas: 'El ja-ja' y 'La mala palabra', esta última radiada por nuestra emisora. En efecto: Sara Strassberg regresa con 'Sócrates' del teatro de vanguardia que intentó con los dos títulos antes mencionados; y retomando las antiguas estructuras y los tradicionales procedimientos logra darnos una vivencia adecuada de esos nombres, de esos hombres, casi familiares por los textos de Platón: Critón, Anito, Critias, Anaxágoras, Fedón.

En alguna manera y medida ‹Sócrates› da continuidad al proceso conceptual que persigue Strassberg con sus dos obras anteriores; conceptual, no formal. Y es que ‹Sócrates› también intenta –por alegoría y en abierta oposición- ‹expresar una época y una realidad a las que se acepta por comprender que su sentido está en sus mismas contradicciones»-. Sócrates –es muy cierto- luchó con denuedo contra el conformismo de la frase ‹todo está bien›- pese a todo lo que no está bien. Al cabo de 2.500 años el hombre vuelve a enfrentar, y afrontar, los riesgos extremos de una problemática social que no ha variado fundamentalmente. De aquí la vigencia de su doctrina y la contemporaneidad de su tratamiento.

Sara Strassberg egresó de la Facultad de Filosofía y Letras de Buenos Aires con el título de Licenciada en Filosofía, en el año 1959. Por sus trabajos ha obtenido, entre otras, las siguiente distinciones: Premio Fondo Nacional de las Artes, 1964, por las dos obras ya citadas; Mención Especial en el concurso de Autores Noveles de la Comedia Nacional por ‹Feliz cumpleaños, Amanda›, estrenada en el Teatro Auditorium de Mar del Plata en abril de 1965 por Milagros de la Vega; Premio Nacional ‹Iniciación›, 1963, Ensayo, por ‹Vigencia de Alejandro Korn›; Mención Especial en el Primer Concurso de Teatro para niños, 1966, Consejo Provincial de Difusión Cultural de Tucumán, por ‹Cantarín y Tragalibros en el País de la Luna›; Primer Premio de Teatro en el concurso XXXV Aniversario del Teatro I.F.T., por ‹Matar a los muertos›, drama en dos actos, diciembre de 1967.

Varios son, asimismo, los trabajos que ha publicado en otros géneros literarios: ‹La posibilidad de la ética› (tesis de su licenciatura); ‹La ética y la crisis de nuestro tiempo›; ‹La libertad creadora como vocación antropológica de la filosofía contemporánea›; ‹Hacia una nueva imagen del hombre›; ‹La filosofía en el futuro, o el futuro como problema de la filosofía›; ‹El conflicto de autoridad y libertad en el teatro de Jean-Paul Sartre›. Su actividad docente –en los ciclos medio y universitario- es constante». **Juan Arias Balloffet**

2 – Fragmentos de cartas personales

"Estimada colega: Le agradezco mucho su 'Sócrates'… El Sr. Canal Feijóo ha enjuiciado muy bien su obra y debo decir a Ud. que coincido con su criterio. Lección socrática; teatro para la cultura es su drama, bella y hondamente escrito. Sin desafueros originalistas, su estructura es buena; ágil y atinado su diálogo. Me he deleitado con su lectura y le envío mi felicitación. --- Con mi modesta aprobación, acepte mi cordial saludo". **Antonio Buero Vallejo** (Madrid) (1916-2000; escritor y dramaturgo español, Premio Cervantes de Literatura).

"Me ha sido muy grato conocer su 'Sócrates'… La idea de teatralizar la vida y enseñanza de Sócrates es tan buena y oportuna como –en principio- bien lograda. Los personajes están bien definidos, los parlamentos mantienen el equilibrio entre gravedad y fluidez reclamado por la armonía retórica de la pieza teatral, el lenguaje es adecuado a la situación y los actores tanto como a la posibilidad de fácil captación por parte del oyente, y en cuanto a la acción pienso que usted pesó a tal grado cada palabra y reflexión de sus figuras que sus movimientos y, por consiguiente, el juego escénico total, se escaparon a su visión y previsión. --- Esto, desde luego, no tiene nada que ver con la calidad intrínseca de su obra, con la nobleza de su intención y con la claridad de su interpretación de la función de la filosofía y de Sócrates en particular". --- **Profesor Alfredo Cahn** (Córdoba) (1902-1975; escritor y ensayista argentino, traductor de Stefan Zweig al español).

"Estimada amiga: gracias por su <u>Sócrates</u>, que releí… con agrado y provecho. Ud. ha logrado fundir la mayéutica y la penetración psicológica con el acierto dramático. La felicito por el logro…, cordialmente". **Raúl H. Castagnino** (ensayista y catedrático argentino, autor de más de cuarenta volúmenes sobre literatura, fue elegido Presidente de la Academia Argentina de Letras en 1982).

"Al regresar de un viaje de veraneo, encontré su drama 'Sócrates', que he leído con interés. Tiene usted una mira alta y noble para escribir teatro. La vida del filósofo es una pasión del pensamiento. Sus diálogos fueron interpretados por Zacconi en el viejo Teatro Ateneo, en una adaptación escénica. Usted los adapta a la expresión dramática con devoción y exactitud. Es una obra muy digna y la felicito por ella. --- Siga por tan buen camino teatral y filosófico. Recuerdo haber premiado un ensayo suyo de este carácter en un concurso municipal, hace algunos años. Su afmo, **Alfredo de la Guardia** (escritor y crítico argentino, se desempeñó como Secretario general de la Academia Argentina de Letras, falleció en Buenos Aires en 1974).

"Lo leí (su libro) con gran avidez, pero creo que el interés casi filosófico que tiene, su interés didáctico (en un buen sentido) conspira también contra su interés teatral. Me maravilló que Sócrates dijera cosas tan actuales y lo único que lamenté es que no hubiera dado Ud. el salto para hacer ese teatro que no quiere Canal Feijóo y que nosotros sabemos que existe, a pesar de las mistificaciones. No quiero que entienda esto como un reproche sino como una objeción puramente personal, con los límites que me impone mi propia óptica sobre el teatro. Creo que puede ser una obra preciosa para el estudio de una época, pero, ¿por qué no extender sus alcances con una acción teatral que nos traiga al aquí y ahora? Sentí como si Ud., voluntariamente, hubiera sujetado su fantasía. --- Gracias por habérmela hecho conocer y un cordial saludo de **Griselda Gambaro** (dramaturga y novelista argentina).

"Muy estimada amiga Sara Strassberg: con gran gusto le aviso del recibo de su hermoso libro. Sócrates es una obra, para mi gusto, de suma calidad y debo expresárselo. La he leído con gran detención (y delectación, por supuesto) si bien pesando y midiendo sus intenciones de autor. ¿Quiere que le diga una cosa? Así se hace, me parece a mí, la obra que perdura y siembra esperanzas. Es usted maestra en ciertos aspectos del movimiento y la acción. Yo no soy precisamente un crítico de teatro, pero sí un aficionado a verlo y no sabe usted cuánto me gustaría alguna vez estar en una sala con su Sócrates en escena. ---". **Enrique Labrador Ruiz** (La Habana) (novelista, ensayista, poeta y periodista nacido en Cuba en 1902; falleció en Miami en 1991).

"Estimada y querida Señora, acabo de recibir su Sócrates; y quiero agradecerle el envío y mas aún la dedicatoria que Ud. tuvo la amabilidad de anteponerle. Me es muy grato ver impresa esta obra de Ud. y tenerla entre mis libros. Deseo muy cordialmente a Ud. las mejores satisfacciones en su fecunda actividad de autora de ensayos y de obras dramáticas; y ruégole aceptar mis saludos y augurios más cordiales. Afmo. Suyo, **Rodolfo Mondolfo** (Filósofo, ensayista y humanista autor de más de 400 títulos, nació en Italia en 1877, perseguido por el fascismo abandonó en 1938 su cátedra en la Universidad de Bolonia y emigró a la Argentina en donde desarrolló una actividad docente y creadora permanente hasta su fallecimiento en Buenos Aires en 1976, a los 99 años).

"Estimada amiga: --- Creo que Ud. ha logrado lo que parecía difícil: crear, en breve síntesis teatral, una visión de lo que Sócrates, y su pensamiento, mantienen de eterno para el hombre. Se mueve con soltura en medio de las ideas socráticas y en la atmósfera ateniense de su tiempo; pero apunta al nuestro, porque –siempre- estamos matando a Sócrates, quizás para acallar en nosotros la voz de la verdad que más nos duele. ---

Federico Peltzer (escritor, ensayista y catedrático, miembro de la Academia Argentina de Letras y de la Real Academia Española).

"Querida Sara: yo no recuerdo si la conozco personalmente, o no. Sólo puedo decir que creo conocerla por dentro, y mucho, y con admiración desde que leí su insólito "SÓCRATES". Es cierto que lo tenía en la biblioteca de "libros a leer"…; pero lo leí al llegar las fiestas,… Y, cosa inesperada, el libro me atrapó, me sedujo, no lo solté hasta terminarlo. Y en seguida hablé con entusiasmo de él, del fervor ético, del fervor por la libertad de pensar que comunicaba, del rigor de la reconstrucción histórica, del clima tan logrado y de cómo no se la conocía a usted como es debido y corresponde. --- Entonces ahora no le agradezco solamente el libro y la gentileza de habérmelo enviado; le agradezco el haberme dado la alegría de una lectura reconstituyente y el saber que todavía existen seres que piensan y escriben como usted. Ojalá se represente su obra: lo merece y la necesitamos. Reciba también mis augurios para el nuevo año y mi más afectuoso abrazo." **Syria Poletti** (novelista, cuentista y autora de literatura infantil, nació en Italia en 1919, emigró a la Argentina en 1939 y falleció en Buenos Aires en 1991).

"¡Gracias, mi estimada Sara Strassberg, por su hermoso signo de amistad y recuerdo!" **Ernesto Sábato** (novelista y ensayista argentino).

"Sara Strassberg: gracias por el Sócrates. Me pareció sensacional. Canal Feijóo ya dice en su prólogo todo lo que hay que decir. --- La felicito nuevamente." **César Tiempo** (poeta, guionista y crítico, nació bajo el nombre de Israel Zeitlin en 1906 en Ucrania, murió en Buenos Aires en 1980).

"Estimada Sara Strassberg: --- --- me parece una obra realmente buena. Si para juzgarla plenamente habría que verla representar, yo he leído mucho teatro y creo que puedo objetivar su texto y verlo en movimiento. Ni que decir que el tema es de lo más difícil de llevar a la escena, pero usted consigue hacerlo, y me alegra ver que ha obtenido una mención (supongo que merecía algo más) en un concurso y que se ha dado por radio. Ya es algo, como reconocimiento. No dudo que ya le llegarán otros en algún momento. --- Eso que se llama dignidad formal, está aquí representado por un diálogo convincente, de tono equilibrado, adecuado a las figuras (bien dibujadas, en su variedad) y a la trascendencia del tema. Quiero detenerme en una frase: "Siento que algo pasa, que algo está mal, y que yo, yo personalmente, debo hacer algo. ¿No es absurdo?" Parece que con algunos años de anticipación el protagonista de mi "Hombre de papel" plagió esta reflexión de su Sócrates. No es extraño, pues la historia contemporánea repite situaciones de su obra. Critias puede ser un Petain. Y a propósito de Critias, el diálogo de este con Sócrates (páginas 47 y 48) está muy bien, lo mismo que el diálogo con Mirto (pag. 45). Lo mismo puede decirse de las dudas de Sócrates (pag. 68). Tengo asimismo la impresión de que su manejo del coro (un gran escollo para los autores que pretenden usarlo hoy) es discreto y completamente aceptable y contribuye al movimiento escénico. En definitiva, atreverse con Sócrates y obtener lo que usted obtiene, es mucho. Amistosamente", **Bernardo Verbitzky** (1902-1979; narrador, poeta, novelista y ensayista argentino).

B – EL TRIGAL Y LOS CUERVOS

1- CRÍTICAS Y NOTAS PERIODÍSTICAS

LRA Radio Nacional – Las dos Carátulas – El teatro de la humanidad – 2 de noviembre de 1973

"El trigal y los cuervos" – Drama en tres actos de Sara Strassberg (estreno en la República Argentina); dirección: Eugenia de Oro.

"Un pensamiento de Vincent Van Gogh sirve de columna maestra a Sara Strassberg para levantar la estructura de este drama en tres actos 'El trigal y los cuervos'. Quisiera aprender a modificar de tal manera la realidad –escribió Van Gogh- que así surjan mentiras, si se las quiere llamar de este modo, pero mentiras que son más verdaderas que la verdad.

De acuerdo con la "Aclaración" de la autora el método de construcción de 'El trigal y los cuervos' es el mismo que utilizara para su excelente 'Sócrates', radiado por LRA en su ciclo Las Dos Carátulas. Aunque los resultados nos parecen muy disímiles en cuanto a proyección y valores, el método, la mecánica formal y conceptual, es evidentemente la única tradicionalmente viable; Strassberg la denomina 'drama biográfico'; su trabajo no intenta, anota, reproducir fielmente la vida de Van Gogh ni hacer una reconstrucción exacta de 'la circunstancia socio-cultural' y situación histórica en que vivió este artista; en lugar de hacer una biografía dramatizada –señala- mi intención, muy distinta, fue la de escribir un drama biográfico. Luego de precisar los caracteres y alcances de esta didáctica, advierte al lector sobre ciertos aspectos que se hacen patentes en la lectura reposada de su obra: esta obra –reitera- no es una versión biográfica objetiva, pues en ella he recreado los caracteres en cuestión, transformándolos casi en su totalidad en algunos casos, en cuanto a motivaciones y expresión, así como he alterado la sucesión cronológica de ciertos hechos, inventando además situaciones nuevas…, para trasmitir mi propia interpretación del tema, sin violentar ni tergiversar en su esencia la verdad psicológica e histórica.

La obra se empina en su cuadro menos teatral, el quinto del segundo acto, transcripción de algunos párrafos de las cartas de Van Gogh; el todo, nos parece muy positivo; un tomar aliento –tal vez- después de 'Sócrates'; y una posición, un compromiso con un "mañana mejor en que los trigales serán respetados, un mañana en que, olvidados para siempre los cuervos, ganará el sol". **Juan Arias Balloffet**

Voz Libre, setiembre de 1973, pg. 11
"Ediciones Kargieman publicó 'El trigal y los cuervos', obra teatral de Sara Strassberg sobre algunas secuencias de la vida de Vincent Van Gogh. Strassberg, ex profesora de la Facultad de Filosofía y Letras de la U.N.B.A. y orientadora del taller de Teatro de la SADE, cumple su cometido con dignidad y amor. Sin ajustarse demasiado a las peripecias biográficas del 'suicidado por esta sociedad' (como lo llamó Artaud) traza, con enjundia y con verdad dramática, la personalidad de un hombre que a tantos nos ha movido literalmente el piso con su grandeza, sus delirios y su especie única de creador original". **(Arnoldo Liberman)**.

Bibliograma – 45 – Enero-Febrero-Marzo 1974, pg. 25
"El trigal y los cuervos" es el título de cabal y acertado simbolismo que Sara Strassberg da a su drama biográfico sobre la vida y obra de Van Gogh, intentando buscar 'el sentido de ese signo que identifica a quienes comparten la lucha permanente entre la luz y la oscuridad, entre el amor y el odio, entre la alegría siempre efímera del encuentro y el tormento inacable de la 'búsqueda›.

El genial artista, cuya atormentada –y tan breve existencia–
ha sido material propicio de biografías, novelas, films, ensayos
artísticos y científicos, adquiere aquí la otra dimensión que
faltaba a su figura tan sólida en medio de la fragilidad del
delicado mecanismo de sus nervios y tan frágil dentro de la
rotunda luminosidad de su arte: la proyección del teatro. Lenguaje que, si ello es posible, lo acerca aún más a nuestro espíritu, definitivamente, a través de la vida esencial de la palabra
y el movimiento.

La autora recrea, con conocimiento y con talento, con infini-
to amor, momentos claves en la vida del pintor que soñaba, en
las postrimerías de su siglo pasado, las mismas ansiedades para
la evolución del hombre y de la sociedad, del artista versus
sociedad, que muchos seguimos soñando en las postrimerías
ya de este siglo...

«El camino del arte es estrecho; la puerta es angosta; son
pocos los elegidos; y yo no estuve entre ellos», expresa el creador en un instante de la obra con el pesimismo y la humildad
natural de los grandes valores. O, refiriéndose a los críticos ciegos y sordos ante los maestros del Impresionismo (Van Gogh,
Gauguin, Lautrec), se pregunta, con amargura, un concepto
que suele tener dolorosa vigencia: «... ¿por qué será que casi cada uno de los que buscan su propio camino, de los que
quieren encontrarse a sí mismos, ser ellos mismos escribiendo,
pintando..., viviendo, simplemente, tienen delante o detrás...
o cerca, a algunos de esos hombres que siempre lo desalientan
y que representan el no, el no perpetuo?»

Su inefable hermano Theo, el excepcional doctor Gachet,
la mujer que vivió brevemente con él dándole su desnudez de
modelo, su ropaje de miseria y el hijo ajeno en parodia de hogar; algún escaso amigo, su tormentosa relación con Gauguin,
son los otros personajes.

Van Gogh es una figura que va tocando siempre las situaciones límites. Cuando es predicador entre «los hocicos negros»,

su pasión lo emborracha de misticismo y lo creen loco cuando entrega lo que tiene, bien poco, para estar a mano, vacío a vacío con los mineros. Pero ya otro tipo de locura –tan apasionada como aquella entrega total- le seguirá los pasos…

Sin embargo, en su soledad, sin amor, Van Gogh cuenta con un incondicional de su sangre, que lo quiere y lo comprende: su hermano Theo. Esto, es bueno recordarlo, es un lujo que muy pocos artistas logran: la valoración de la propia familia…

«El mundo es un boceto que le salió mal a Dios…; pero, ¿sabes?, sólo los grandes maestros se equivocan así», dice el final de su luz. Una luz que, felizmente, sigue iluminando el Arte. Y con la cual Sara Strassberg enciende de Belleza las páginas de este libro». **Eugenia Calny**

2- FRAGMENTOS DE CARTAS PERSONALES

"Estimada amiga: Recibir 'El trigal y los cuervos' y decidirme a leerlo de inmediato, atraido por el tema –acaso insólito por lo que el personaje central significa para reflejar su personalidad en la escena sin caer en lo melodramático- fue todo uno. Con un resultado tan feliz, que no me asombra haberlo dejado sino cuando doblé la última página. Enamorado también de Van Gogh, su obra, su vida, esa simbiosis pocas veces registrada en la historia del arte universal, entiendo que usted ha sabido mantener todo lo que ella significa, y lo que es más noble aún, no haciendo concesiones de ningún género, en pleno acierto por lo que respecta al mecanismo teatral. --- Cordialmente", **Eduardo Baliari** (crítico argentino de arte).

"Distinguida amiga: He leído EL TRIGAL Y LOS CUER-VOS --- La personalidad de Van Gogh, inquietante y desgarradora, emerge de esas páginas –escritas bajo el influjo de una admiración que comprendo y comparto- con una fidelidad que refirma a quien escribiera SÓCRATES, pero que asombra así y todo, por la cabal identificación de lo que es historia –y por lo tanto documentación fehaciente- y lo que resulta aporte imaginativo que se hace, en este caso, tan real como lo real, en virtud de su talento. La felicito y le agradezco los momentos de honda reflexión que me ha hecho vivir. Van Gogh –tengo que confesárselo- es uno de mis dioses penates. La saluda con toda cordialidad", **Rodrigo Bonome** (1915 – 1990; pintor, escritor y dramaturgo argentino).

"Estimada Sara Strassberg: Desde este rincón de mi habitual veraneo le envío mi gratitud por la gentileza de su ejemplar dedicado de "El trigal y los cuervos". Para mí, ex pintor que también he rendido homenaje escénico a algunos de los grandes –Velázquez, Goya – la lectura del de Ud. a Van Gogh ha reiterado profundas emociones, pictóricas y escénicas, por las que me es grato ver que transitamos caminos parecidos. Todos los admiradores de "Vincent" –y me cuento entre los más fervientes- hemos de agradecer a Ud. esa bella reafirmación de un sol que no pueden ya nublar ni cuervos ni cornejas. La felicita y le envía cordiales saludos", **Antonio Buero Vallejo.**

Horacio Butler "Saluda afectuosamente a Sara Strassberg y le agradece el envío de 'El trigal y los cuervos', que me ha interesado mucho en mi calidad de pintor. Creo que Ud. ha comprendido perfectamente el drama del artista creador y desde ese punto de vista me ha conmovido enormemente". (Pintor, nacido en Buenos Aires en 1897, miembro de la Academia Nacional de Bellas Artes, falleció en Buenos Aires en 1983).

"Estimada amiga: Leí y gusté El trigal y los cuervos. Ha trazado usted una biografía escénica diferente, lúcida desde el ángulo de su contenido estético, sagaz en su tratamiento dramático –el del cuadro V del acto II, me parece diestro tratamiento del monólogo y a la vez interesante inserción documental; pero, además, me parece claramente comunicativa de "ideología". Y, por cierto, que la reunión de estos atributos en un drama del carácter de El trigal y los cuervos, no es cosa frecuente. --- La felicito por la obra y deseo a su pieza el mayor de los éxitos. Cordialmente": **Raúl H. Castagnino**

"Distinguida amiga: He leído con mucho interés su nueva obra teatral 'El trigal y los cuervos' que me confirma el alto sentido que tiene usted de la dramaturgia en general y de su labor dentro de ella, en particular. Es digna de la relativa a "Sócrates", con la cual creo se cometió cierta injusticia. Ha trasladado usted a escena la biografía de Vicente Van Gogh con fidelidad íntima y verdadera comprensión. El protagonista responde bien a su torturada personalidad y los principales rasgos de ésta y de la vida cotidiana del gran pintor están reflejados con acierto. La felicito, pues, por 'El trigal y los cuervos'. Reciba usted los más atentos saludos de su afmo." **Alfredo de la Guardia**

"Amiga mía: Agradézcole en forma entrañable el envío de su libro 'El trigal y los cuervos', magnífica síntesis de la angustia creadora. Su carta vale todos los desvelos para que las cosas salgan. No es frecuente recibir el estímulo a la labor realizada en forma tan generosa. ¡Gracias! Ha sido para mi un regalo dirigir su obra y para el elenco una oportunidad de lucimiento inolvidable. No nos olvide". **Eugenia de Oro** (directora de teatro, "Las dos carátulas", LRA Radio Nacional).

"Estimada amiga Sara Strassberg: De nuevo su mano maestra me da oportunidad de comprender cuál es el sentido de su visión teatral, y me apresuro a decirle que si Sócrates me gustó esto de ahora me lleva a detectar un temperamento que dará al teatro de su país (y de todas partes) bien en breve, calidad y emoción en grados superlativos. No sabe cuánto siento no tener a mano una columnita de diario para enjuiciar por lo extenso el producto de sus desvelos. Pero la felicito de corazón y la animo a continuar sin descanso. Sólo así se llega a una medida ideal que todos debemos marcarnos y que en usted ya se cuaja y florece a plenitud. --- Un fuerte afecto y la admiración de su amigo Ss.Ss.", **Enrique Labrador Ruiz**

"Estimada Profesora Strassberg, le agradezco muy vivamente el envío de su drama El trigal y los cuervos, y la afectuosa dedicatoria, cuyos buenos deseos le retribuyo cordialmente. He leído con mucho interés su reconstrucción dramática del gran conflicto espiritual que constituyó la vida y la historia de Van Gogh; y tal como en su anterior reconstrucción del drama de Sócrates, encontré en su creación artística un fuerte poder de representación de los conflictos espirituales. Por eso quiero felicitarla; y no menos por el elevado ideal que se expresa en sus páginas, y las anima e ilumina. Cordialmente suyo", **Rodolfo Mondolfo**

"Amiga: He leído 'El trigal y los cuervos', recreación libre, como Ud. dice, de la infortunada y al par luminosa vida de Van Gogh. Cualquier persona con sensibilidad tiene que sentirse conmovida por ese drama del creador, eterno sembrador contra quien todo y todos parecen conjugarse. Ud. ha sabido plasmarlo muy bien a través de su acción sólida, el bello diálogo, los efectos que –aun con la simple lectura- se imaginan al proyectarse la obra de un hombre que supo, como muy pocos elegidos, darse entero, llegar hasta el final. Como en el caso de "Sócrates", le agradezco profundamente el envío y los momentos intensos que me ha hecho pasar con sus palabras. Un cordial saludo y augurios", **Federico Peltzer**

"Querida Sara, --- Y ella, (una amiga) hojeando mis libros, dio con 'El trigal y los cuervos' y se entusiasmó y habló con fervor de la obra, extrañada de que una autora como usted no goce de mayor nombradía. Entonces… yo caí en la cuenta de que ese libro se me había extraviado y comencé a leerlo y a apasionarme y a discutirlo con ella. Penetración psicológica lúcida y alucinante a la vez: un delicado equilibrio de todos los elementos, inclusive de los escénicos. Pero, claro, ¿qué posibilidades existen hoy de disfrutar –teatralmente hablando- de una obra como la suya? De todos modos, nos queda el placer, el hondo enigma de un gran artista descifrado en términos de arte y humanidad. Gracias, Sara, y adelante---". **Syria Poletti**

"Estimada Sara: Hemos quedado impresionados, profundamente impresionados con 'El trigal y los cuervos', su maravilloso libro de Ud. Toda la gratitud le enviamos con Blanquita mi esposa por esta misteriosa sacudida espiritual que Ud. nos brindó. --- Con amistad", **Raúl Schurjin** (Pintor, nació en Mendoza, Argentina, en 1907 y murió en Buenos Aires en 1983).

ÍNDICE

Editorial LibrosEnRed

LibrosEnRed es la Editorial Digital más completa en idioma español. Desde junio de 2000 trabajamos en la edición y venta de libros digitales e impresos bajo demanda.

Nuestra misión es facilitar a todos los autores la **edición** de sus obras y ofrecer a los lectores acceso rápido y económico a libros de todo tipo.

Editamos novelas, cuentos, poesías, tesis, investigaciones, manuales, monografías y toda variedad de contenidos. Brindamos la posibilidad de **comercializar** las obras desde Internet para millones de potenciales lectores. De este modo, intentamos fortalecer la difusión de los autores que escriben en español.

Ingrese a **www.librosenred.com** y conozca nuestro catálogo, compuesto por cientos de títulos clásicos y de autores contemporáneos.

www.ingramcontent.com/pod-product-compliance
Lightning Source LLC
Chambersburg PA
CBHW021224090426
42740CB00006B/363